MÜNCHNER STUDIEN
ZUR
SOZIAL- UND WIRTSCHAFTSGEOGRAPHIE

in

MÜNCHNER UNIVERSITÄTS-SCHRIFTEN

Staatswirtschaftliche Fakultät

MÜNCHNER STUDIEN ZUR SOZIAL- UND WIRTSCHAFTSGEOGRAPHIE

Herausgeber:

Wirtschaftsgeographisches Institut der Universität München

KARL RUPPERT
München

FRANZ SCHAFFER
Augsburg

Schriftleitung: Dr. J. Maier

BAND 13

Urbanisierungsprozesse in Ungarn

Sozialgeographische Analysen

von

Edit Lettrich

VERLAG MICHAEL LASSLEBEN KALLMÜNZ/REGENSBURG

1975

Gedruckt mit Unterstützung aus Mitteln der Münchner Universitäts-Schriften

Diese Arbeit ist im Sonderforschungsbereich 18 Südosteuropa, München entstanden und wurde auf seine Veranlassung unter Verwendung der ihm von der Deutschen Forschungsgemeinschaft zur Verfügung gestellten Mittel gedruckt.

Alle Rechte vorbehalten
Ohne ausdrückliche Genehmigung des Verlages in Übereinkunft mit dem Herausgeber ist es nicht gestattet, das Werk oder Teile daraus nachzudrucken oder auf photomechanischem Wege zu vervielfältigen.
© 1975 by Verlag Michael Laßleben, Kallmünz/Regensburg

ISBN 3 7847 6513 0

Buchdruckerei Michael Laßleben, Kallmünz über Regensburg

VORWORT

Innerhalb des Forschungsprogramms des Wirtschaftsgeographischen Institutes der Universität München stellt der Problemkreis der Urbanisierung einen besonderen Schwerpunkt dar. Mehrere Studien befaßten sich in der jüngsten Zeit u.a. mit der Attraktivität von Städten, dem Indikatorcharakter der Bodenpreise, der Bedeutung der Industriestandorte und der begrifflichen und räumlichen Erfassung der Innovation Urbanisierung über verschiedene Indikatoren. Dem Standort des Institutes entsprechend wurden die empirischen Arbeiten zumeist im süddeutschen Raum durchgeführt.

Mehrfach war bereits die gleiche Problematik auch mit Wissenschaftlern aus südosteuropäischen Ländern, insbesondere aus Jugoslawien, diskutiert worden. Es wurde dabei immer wieder die Frage über den Ablauf ähnlicher Vorgänge in Ländern einer anderen Gesellschaftsordnung diskutiert. Nun bot sich im Rahmen des Sonderforschungsbereichs Südosteuropa die Möglichkeit, intensivere Studien in Ungarn durchzuführen. Sie werden mit dieser Publikation einer breiteren Öffentlichkeit vorgestellt.

Gute Kontakte zum Geographischen Institut der Ungarischen Akademie der Wissenschaften und dessen Direktor, Prof.Dr. M. Pécsi, ermöglichten zwei mehrmonatige Studienaufenthalte für Frau Dr. E. Lettrich, die in forschungsbegleitender Diskussion mit den wissenschaftlichen Mitgliedern des Wirtschaftsgeographischen Instituts die Arbeiten durchführte. Für diese Zusammenarbeit möchte ich auch als Projektleiter im SFB den ungarischen Kollegen sehr herzlich danken. Ebenso gilt mein Dank dem Schriftleiter, Herrn Dr. J. Maier, für die mühevolle Manuskriptbearbeitung und der Arbeitsgruppe Kartographie für die Gestaltung der Kartenbeilagen.

Der wissenschaftliche Gedankenaustausch wäre jedoch nicht möglich gewesen, ohne die Unterstützung durch den Sonderforschungsbereich Südosteuropa. Wie schon so oft sei daher der Deutschen Forschungsgemeinschaft ein herzliches Dankeswort für die finanziellen Hilfen, insbesondere auch bei der Drucklegung gesagt.

Wir hoffen, daß diese Studien fortgeführt und auf andere Länder ausgedehnt werden können.

Karl Ruppert

INHALTSVERZEICHNIS

Der Urbanisierungsprozeß in Ungarn — 1.

Sozialgeographischer Wandel in der
Gemeinde Tihany/Balaton — 54

Das ungarische Tanyensystem — 76

DER URBANISIERUNGSPROZESS IN UNGARN

Der Begriff der Urbanisierung beinhaltet einen vielseitigen, komplexen Entwicklungsprozeß des Wirtschafts- und Gesellschaftslebens, dessen Ablauf eine starke Veränderung der Bevölkerung mit sich bringt. Infolge der strukturellen Umwandlung von Wirtschaft und Gesellschaft wandelt sich die ehemalige Agrargesellschaft zur Industrie- und Dienstleistungsgesellschaft. Die räumlichen Auswirkungen des Urbanisierungsprozesses verursachen wesentliche Veränderungen in der Kulturlandschaft, von denen die prägnantesten sind: die rasche Ausdehnung der Großstädte mit starker Bevölkerungskonzentration in den Ballungsgebieten und der starke Wandel in den Verhaltensweisen der Bevölkerung, zusammen mit der Veränderung der Physiognomie von Wohnungen und Siedlungen. Im Laufe dieses Prozesses werden die Gebiete mit reinem Agrarcharakter immer seltener und werden ersetzt durch vielseitig genutzte Gebiete - Siedlungslandschaften mit Grünflächen und Naherholungsgebieten, Wälder als Gebiete für Forstwirtschaft und für die Erholungsfunktion usw.

Einer der wichtigsten Faktoren des Urbanisierungsprozesses ist die sich stark entwickelnde Industrialisierung, die einerseits die Mechanisierung der Landwirtschaft ermöglicht, andererseits die aus der Landwirtschaft ausgeschiedenen Arbeitskräfte einer produktiveren Erwerbstätigkeit zuführen kann.

In der ersten Phase des Urbanisierungsprozesses verschiebt sich der Wirtschaftsschwerpunkt von der Landwirtschaft auf die Industrie, dann in der nächsten Phase auf die Dienstleistungstätigkeiten, wie es im Modell von J. FOURASTIÉ[1] dar-

---

[1] Fourastié, J., Die große Hoffnung des 20. Jahrhunderts, 2. Aufl., Köln 1954.

gestellt wurde. Im Laufe dieses Wandlungsprozesses verändern sich die Verhaltensweisen der verschiedenen Sozialgruppen wesentlich, was wiederum bedeutende Auswirkungen auf die raumgestaltenden Tätigkeiten der Gesellschaft und über diese auf die Umwandlung der Landschaft hat.[1]

In Bezug auf den ungarischen Urbanisierungsprozeß kann man von vornherein zwei Tatsachen erwähnen:

1. Das Auftreten dieses Prozesses ist im großen und ganzen unabhängig von Unterschieden der Gesellschaftsformen. In den sozialistischen Ländern kommt er ebenso vor wie in den kapitalistischen Ländern.

2. Da die wichtigsten Züge des Prozeßablaufes mit den wirtschaftlichen und gesellschaftlichen Eigenheiten der verschiedenen Länder stark verflochten sind, können wir in den einzelnen Ländern nur ähnliche, aber nicht gleiche Prozesse beobachten. So kommt es vor, daß die Merkmale, die den Prozeßablauf spiegeln, von Land zu Land verschieden sind. Zur Zeit können wir nur ganz grob von Gesetzmäßigkeiten des Urbanisierungsprozesses sprechen, die allgemein gültig sind.

Dementsprechend können wir gegenwärtig in Ungarn andere Merkmale des Urbanisierungsprozesses beobachten, als sie z.Zt. in der BRD erkennbar sind oder in früheren Urbanisierungsphasen vorhanden waren.

---

[1] Fehre, H., Die Gemeindetypen nach der Erwerbsstruktur der Wohnbevölkerung, in: Raumforschung und Raumordnung, 19. Jg., Heft 3, S. 138-147; Linde, H., Grundfragen der Gemeindetypisierung, in: Forschungs- und Sitzungsberichte der Akademie für Raumforschung und Landesplanung, III. Band, Bremen 1952, S. 58-141; Bobek, H., Erwerbstätigenstruktur und Dienstleistungsquote als Mittel zur quantitativen Erfassung regionaler Unterschiede der sozial-wirtschaftlichen und -kulturellen Entwicklung, in: Münchner Studien zur Sozial- und Wirtschaftsgeographie, Bd. 4, Kallmünz/Regensburg 1968, S. 119-131; Bobek, H., Hammer, A., Offner, R., Beiträge zur Ermittlung von Gemeindetypen, Schriftenreihe der Österr. Gesellschaft zur Förderung von Landesforschung und Landesplanung, Bd. 1, Klagenfurt 1955, S.39-S. 83.

Diese Arbeit versucht, einen Überblick über die Hauptzüge
der gegenwärtigen Phase des ungarischen Urbanisierungsprozesses zu geben. In Ungarn begann dieser Prozeß erst vor einem
viertel Jahrhundert, ohne bedeutende historische Prämissen.
Eine rasche Umwandlung der ehemaligen Agrargesellschaft zur
Industriegesellschaft findet zur Zeit statt. Die Entwicklung
des letzten Jahrzehntes kann man durch die verschiedenen Versuche charakterisieren, den besten Weg zur Vollendung der ersten Phase des Urbanisierungsprozesses in Ungarn zu finden.
Da ich über die gesamte Entwicklung der Urbanisierung einen
Überblick bieten möchte, gliedert sich diese Arbeit in die
folgenden 4 Teile:

1. Die frühindustrielle Periode (1900 - 1949)
2. Die Entfaltung der Industrialisierung und der Urbanisierung (1950 - 1960)
3. Die gegenwärtigen Merkmale und Entwicklungsprobleme des Urbanisierungsprozesses in Ungarn (1960 - 1970)
4. Kurzfristige Prognose des Trends der Urbanisierung in Ungarn (bis 1980)

Frühindustrielle Periode (1900 - 1949)

Mit dem Zerfall der Österreichisch-Ungarischen Monarchie nach
dem Ersten Weltkrieg entstand im ungarischen Raume eine neue
politische und wirtschaftliche Situation. Ungarn verlor durch
den Friedensvertrag von Trianon mehr als die Hälfte seines
ehemaligen Gebietes und damit zwei Drittel seiner Industriegebiete (Abb. 1). Eine wirtschaftliche und politische Konsolidierung wurde außerdem noch durch die schwierigen Außenhandelsverhältnisse verhindert, denn die wichtigsten ausländischen Absatzgebiete der ungarischen Agrarexporte gingen
verloren. Das Land konnte die vielen Schwierigkeiten wegen
seiner innenpolitisch ungesunden Verhältnisse nicht mit Erfolg bewältigen.

Die landwirtschaftlichen Besitzverhältnisse stellten eine

besonders extreme Situation dar. Die ausgedehnten Latifundien des ehemaligen Hochadels und der Kirche, eine breite Schicht armer Kleinbauern, die keine marktfähigen Produkte erzeugen konnten, und viele Tausende von besitzlosen Agrarproletariern, die von den Großgrundbesitzern nur saisonal beschäftigt waren, charakterisierten die damaligen ungarischen Agrarverhältnisse. Der Aufbau der neueren Industriegebiete ging nur langsam voran. Erst in den 30er Jahren verstärkte sich die Industrieentwicklung aufgrund der Entfaltung der Kriegswirtschaft. Damit konnten die Schwerindustriegebiete Ungarns - vorwiegend im Nördlichen und im Transdanubischen Mittelgebirge - an Standorten der wichtigsten Erz- und Braunkohlengruben aufblühen. Die Hauptstadt Budapest wuchs aber am schnellsten. Sie ist rasch zum einzigen herausragenden industriellen, politischen und kulturellen Mittelpunkt von Ungarn geworden (Abb. 2).

Diese wirtschaftliche Entwicklung aber war nicht imstande, eine wesentliche Umwandlung zu einer gesünderen Struktur des ungarischen Wirtschaftslebens durchzuführen. Sie konnte den früheren extremen Agrarcharakter von Ungarn nur etwas vermindern. Die Entwicklung der Erwerbsstruktur für die Zeit von 1900 bis 1949 stellt dies anschaulich dar.

Tab. 1: Die Veränderung der Zahl und des Anteils der Erwerbstätigen von 1900 bis 1949

Jahr	Erwerbstätige in							
	Landwirtschaft		Industrie u. Gewerbe		Sonstige		Insgesamt	
	Erw.	%	Erw.	%	Erw.	%	Erw.	%
1900	1.734.868	58,3	466.277	15,6	775.272	26,1	2.976.417	100,0
1910	1.685.345	52,6	630.928	19,1	915.527	28,3	3.231.800	100,0
1920	2.128.008	56,7	639.588	17,1	987.577	26,2	3.755.173	100,0
1930	2.030.844	50,8	825.984	20,7	1.141.011	28,5	3.997.839	100,0
1941	2.164.975	48,1	1.005.348	22,4	1.332.500	28,3	4.502.823	100,0
1949	2.196.185	49,8	963.493	21,9	1.249.621	28,3	4.409.299	100,0

Quelle: Volkszählungen, Veröffentlichungen des Ungarischen Statistischen Landesamts

Tabelle 2 Bevölkerungsdichte und Bevölkerungsentwicklung Ungarns von 1900 bis 1949 *

	1900		1910		1920		1930		1941		1949	
	Einwohner	%	Einwohner	%	Einwohner	%	Einwohner	%	Einwohner	%	Einwohner	%
Budapest	861.380	12,5	1.109.961	14,6	1.231.606	15,4	1.440.961	16,6	1.711.106	18,4	1.589.065	17,3
Bezirksstädte	780.606	11,4	902.894	11,9	971.796	12,2	1.069.652	12,3	1.179.549	12,6	1.108.905	12,0
Kreisstädte und sonstige Städte	528.652	7,7	578.557	7,6	604.531	7,6	622.140	7,2	661.661	7,1	643.806	7,0
Urbane Gemeinden	685.567	10,0	780.839	10,3	830.108	10,4	914.438	10,5	993.427	10,7	980.603	10,7
Ländliche Gemeinden	3.998.210	58,4	4.239.863	55,6	4.348.834	54,4	4.637.917	53,4	4.770.331	51,2	4.883.420	53,0
Ungarn	6.854.415	100,0	8.612.114	100,0	7.986.875	100,0	8.685.109	100,0	9.316.074	100,1	9.204.799	100,0
Bevölkerungsdichte pro km²	73,4		81,8		85,9		93,4		100,1		98,9	

Quelle: Thirring, L., Magyarorszag nepessege 1869 – 1949 között (Bevölkerungsentwicklung Ungarns vom Jahre 1869 bis 1949) in: Historische Demographie Ungarns, Red.: Kovacsics, J., Budapest 1963, S. 221 – 412

* die Daten beziehen sich auf das gegenwärtige Staatsgebiet Ungarns (93.030 km²)

Die Zahl der Agrarbeschäftigten zeigt eine dauernde Zunahme vom Jahre 1900 bis 1949. Sie wuchs von 1.735 Mill. auf 2.196 Mill., obwohl der prozentuale Anteil der landwirtschaftlichen Erwerbstätigen sich infolge der allmählichen Zunahme der nichtagrarischen Erwerbstätigenzahl bzw. der gesamten Erwerbstätigenzahl etwas verminderte (von 58,3 % auf 49,8 %). Die Zahl der industriell Erwerbstätigen wuchs von 1900 bis 1941 von 466.000 auf 1.005 Mio., bis zum Jahre 1949 gab es im Zusammenhang mit den Kriegsverlusten einen mäßigen Rückgang auf 963.000. Die Kriegswirtschaft mit ihrer einseitigen Ausrichtung auf die Schwerindustrie konnte keine endgültige, gesunde Lösung der Verbesserung der ungarischen Wirtschaftsstruktur schaffen. Sie brachte nur eine kurzfristige, oberflächliche Besserung der Entwicklungsschwierigkeiten in der Wirtschaft Ungarns, dann kam der völlige Zusammenbruch des gesamten kapitalistischen Wirtschaftssystems Ungarns (Tabelle 2 - Seite 5).

Auf das heutige Staatsgebiet bezogen (93.030 km^2), ergab sich von 1900 bis 1941 ein allmähliches Bevölkerungswachstum. Trotz der starken Bevölkerungsverluste während des Ersten Weltkrieges und trotz der hohen Zahl der Auswanderer wegen der wirtschaftlichen Schwierigkeiten (Agrarkrise in den 30er Jahren, arbeitslose Industrie- und Agrarproletarier sowie Kleinbauern) wuchs die Bevölkerungszahl Ungarns in dieser Epoche durch den hohen Geburtenüberschuß um 30 %. Dementsprechend stieg auch die Bevölkerungsdichte von 73,4 Einwohnern/km^2 auf 100,1 Einwohner/km^2. Am Anfang der 40er Jahre hatte Ungarn die höchste Bevölkerungsdichte unter den Nachfolgestaaten der ehemaligen Österreich-Ungarischen Monarchie.

Die räumliche Verteilung der Bevölkerung wurde von der Verteilung der Industriestätten stark beeinflußt. Budapest spielte eine herausragende Rolle unter den ungarischen Industriestandorten. Mehr als die Hälfte der industriell Beschäftigten arbeiteten in den Industriebetrieben der Hauptstadt. Diese starke Konzentrierung auf Budapest wurde durch die radial auf die Hauptstadt zulaufenden Eisenbahnlinien sehr begünstigt. Der Ausbau der Hauptlinien hatte schon vor dem Ersten Weltkrieg stattgefunden und die neuen Landesgrenzen zerschnitten nicht dieses Netz, das nach dem Krieg nur mit wenigen neuen Nebenlinien ergänzt wurde. Diese vorteilhafte Verkehrslage beschleunigte auch die Bevölkerungskonzentration der Hauptstadt und ihrer Umgebung. Vom Jahre 1900 bis 1941 wuchs die Bevölkerungszahl von Budapest von 861.000 auf über 1,7 Millionen; sie repräsentierte also im Jahre 1941 einen prozentualen Anteil von 18,4 % an der Gesamtbevölkerung Ungarns. Diese hohe Bevölkerungskonzentration wurde durch die Nachbargemeinden - die in Tab. 2 als "urbane Gemeinden" bezeichnet sind - noch ergänzt, weil sie in ihrer Mehrheit funktionell und räumlich schon mit der Hauptstadt zusammengewachsen waren.

Die anderen ungarischen Städte konnten sich während dieser Phase nur wenig weiterentwickeln. Viele von ihnen entbehrten wegen des Mangels an Industriebetrieben der nötigen Arbeitsplatzkapazität. Deshalb stagnierten sie oder nahmen sogar an Bevölkerung ab. Die meisten Kleinstädte Ungarns gehörten zu dieser zuletzt erwähnten Gruppe. Nur die größeren Städte - eine Gruppe der Bezirkshauptstädte (Komitatssitze) - zeigten eine mäßige Bevölkerungszunahme (von 780.000 auf 1.179 Mio.). Doch sie konnten keine bedeutende Rolle spielen und waren nie eine Konkurrenz für die Budapester Agglomeration.

In den ländlichen Gemeinden wohnten 1900 58,4 % der Gesamtbevölkerung Ungarns (fast 4 Millionen Einwohner). Diese Gemeinden waren dann während der ganzen Periode der Zwischenkriegszeit ständige Abwanderungsgebiete. Trotz der negativen Wanderungsbilanz wuchs aber ihre Einwohnerzahl aufgrund ihres hohen Geburtenüberschusses von 3.998 Mio. auf 4.770 Mio. Mehr als ein Drittel der ländlichen Bevölkerung wohnte in den Streusiedlungen (Tanyen) der ungarischen Tiefebene. Ihre Zahl erreichte im Jahre 1941 1,5 Millionen. Die Tanya repräsentierte den charakteristischen Siedlungstyp des Alfölds (Ungarische Tiefebene). Sie hatte einen extremen Agrarcharakter, ihre Wohn- und Lebensverhältnisse zeigten eine starke Rückständigkeit (Lehmhäuser mit Einzimmerwohnungen, ohne Elektrizität, Wasserleitung, Kanalisation). Ihre Entwicklungsprobleme konnten wie die gesamten Wirtschafts- und Gesellschaftsprobleme Ungarns während der Zwischenkriegszeit keiner erfolgreichen Lösung zugeführt werden.

Die Entfaltung der Industrialisierung und der Urbanisierung (1950 - 1960)

Im Zweiten Weltkrieg erlitt Ungarn schwere Verluste an Menschenleben (etwa 300.000 Tote) und große Kriegsschäden. Die Zeit von 1945 bis 1950 war die Wiederaufbauperiode und der Anfang des sozialistischen Aufbaus der Ungarischen Volksrepublik. Die Wirtschaft wurde im Sinne des Sozialismus umstrukturiert. Die Produktionsmittel gerieten durch die Nationalisierung in Staatseigentum. Privateigentum an Produktionsmitteln wurde auf Familienunternehmen beschränkt. Die Wirtschaft wurde aufgrund der zentralen volkswirtschaftlichen Planung gelenkt.

Während des ersten Fünfjahresplanes begann der beschleunigte Aufbau der sozialistischen Industrie, mit der Betonung auf Schwerindustrie und Produktionsmittelherstellung. Infolge der raschen Entwicklung der Industrie fand eine strukturelle Umwandlung der ungarischen Wirtschaft statt, deren Schwerpunkt sich schrittweise von der Landwirtschaft auf die Industrie verschob. Infolge des starken Arbeitskräftebedarfs und der Anziehungskraft der Industrie strömten Tausende von landwirtschaftlich Erwerbstätigen in die Industriebetriebe, wo sie wesentlich höheres Einkommen verdienen konnten als in der Landwirtschaft. Die falsche Agrarpolitik dieser Periode verstärkte die Landflucht und beschleunigte die Veränderung der Erwerbsstruktur der Bevölkerung.[1] Von 1949 bis 1960 nahm die

---

1) Sárfalvi, B., Verminderung der Agrarbevölkerung in Ungarn,
(Forts.)

Zahl der landwirtschaftlich Erwerbstätigen um mehr als 300.000 ab und ihr prozentualer Anteil verminderte sich auf 35,2 %.

Tab. 3: Veränderung der Zahl und des Anteils
der Erwerbstätigen von 1949 bis 1960

Wirtschaftssektor	1949 Erwerbstätige	%	1960 Erwerbstätige	%	Veränderung 1949/60 Erwerbstätige	%
Landwirtschaft	2.196.185	49,8	1.872.730	35,2	- 323.455	- 14,7
Industrie und Gewerbe	963.493	21,9	1.682.233	31,9	+ 718.740	+ 74,6
Sonstige	1.249.621	28,3	1.577.868	32,9	+ 328.247	+ 26,3
Insgesamt	4.409.299	100,0	5.132.931	100,0	+ 723.532	+ 16,4

Quelle: Volkszählung, Veröffentlichung des Ungarischen Statistischen Landesamtes, 1949 und 1960

Während dieser Periode der zwei Fünfjahrespläne hat Ungarn sich zu einem Staat entwickelt, in dem die Industrie innerhalb der Wirtschaft ein immer größeres Gewicht gewonnen hat (Anteil der Industrie an der gesamten Wirtschaft nach dem Volkseinkommen im Jahre 1960: 52,4 %).

Mit dem Aufschwung der Industrie entwickelten sich in Ungarn neue Industriegebiete außerhalb der ehemaligen Kerngebiete der Schwerindustrie. Die industriellen Schwerpunkte Ungarns liegen in der Hauptstadt, in den an der Donau gelegenen Industriestandorten von Györ bis Dunaujváros und am SO-Rand der ungarischen Mittelgebirge (Abb. 3). Außer den 7 wichtigsten Industriegebieten, in denen 3/4 der industriellen Erwerbstätigen Ungarns tätig sind, gibt es noch einige größere Industriestädte (über 9.000 Erwerbstätige), in denen etwa 1/10 der industriebeschäftigten Arbeiter sind. Die übrigen entfallen auf kleine Industriestädte (vgl. Tab. 4).

...Budapest 1965; ders., Die Landflucht in Ungarn, in: Geographische Rundschau, 1967, Heft 6, S. 218-220.

Tab. 4: Räumliche Verteilung und Größenordnung
der Industriestandorte nach der Zahl
der Beschäftigten im Jahre 1960

	Beschäftigtenzahl	davon Pendlerzahl	%
I. INDUSTRIEGEBIETE			
1. Budapester Agglomeration	523.205	113.923	21,8
2. Borsoda Gebiet	91.774	40.537	44,8
3. Nord-Transdanubisches Gebiet	52.650	21.708	41,8
4. Mittleres Transdanubien	40.983	20.455	49,9
5. Baranya	35.933	9.915	27,6
6. Győr	27.669	10.627	38,4
7. Nograder Gebiet	25.617	15.232	59,5
Insgesamt	797.831	232.397	29,1
II. GRÖSSERE INDUSTRIESTÄDTE			
1. Szeged	21.557	3.498	17,3
2. Debrecen	18.198	1.871	9,9
3. Szolnok-Martfü	14.142	6.069	43,0
4. Szombathely	11.228	1.977	19,8
5. Hatvan-Lörinci	10.381	4.985	48,4
6. Sopron	9.523	1.897	20,0
7. Zalaer Gebiet	9.367	5.111	54,6
Insgesamt	94.396	25.408	27,2
III. KLEINERE INDUSTRIESTÄDTE	192.089	34.127	17,8
Ungarn insgesamt (I - III):	1.084.316	291.932	26,9

Quelle: Lettrich, E., Industriegebiete Ungarns, in: Földrajzi Ertesitö, H. 1, 1962.

Die Industriegebiete sind räumlich stark konzentriert (Abb. 4).
Die 7 großen Industriegebiete Ungarns umfassen 545 Gemeinden.
Das größte ist das Budapester Industriegebiet, wo 2/3 der gesamten Industriebeschäftigten der 7 Industriegebiete arbeiten.
Sein Mittelpunkt ist die Hauptstadt selbst, deren Pendlereinzugsbereich sich entlang der Haupteisenbahnlinien fächerförmig
bis in eine Entfernung von 75 km (= 1,5 Stunden) ausdehnt. Der
innere Gürtel ihrer Arbeiterwohngemeinden (über 35 % der Erwerbstätigen sind Auspendler) besteht aus 97 Gemeinden, in denen 71,1 % der Einpendler wohnen. Die übrigen bilden einen
äußeren Gürtel mit 41 Gemeinden.

Den anderen Industriegebieten fehlt ein so stark konzentriertes Kerngebiet. Nur Györ repräsentiert ein ähnliches Beispiel in verkleinertem Maße (s. Tab. 5, S. 13).

Beide sind frei von der starken strukturellen Einseitigkeit, die für die übrigen 5 Industriegebiete so charakteristisch ist. Es handelt sich vorwiegend um Bergbaugebiete mit Schwerindustrie (Hüttenwesen und Maschinenindustrie) ohne wesentliche Bedeutung der anderen Industriezweige (Lebensmittel-, Textilindustrie usw.) (Tab. 6, S. 14). Diese Einseitigkeit beschränkt u.a. die Erwerbsmöglichkeiten der Frauen und bringt somit Nachteile betreffs der Einkommensquellen der Familie mit sich. Eine Verbesserung der Beschäftigungsmöglichkeiten für Frauen wurde jedoch in Gang gebracht (Gründung neuer Zweigbetriebe für Feinmechanik und Textilkonfektion und Genossenschafts-Handwerksbetriebe für Handstickerei u.ä.). Die meisten Industriegebiete sind stark auf die industriellen Rohstoffvorkommen orientiert (Braunkohle, Eisenerze, Bauxit usw.). Dementsprechend liegen sie entlang der SW-NO-Achse der Ungarischen Mittelgebirge (Mittleres und Nördliches Transdanubisches Gebiet) und im Mecsek-Gebirge (Baranya). Außer dem letzterwähnten Gebiet haben die übrigen 4 Industriegebiete einen starken Pendelverkehr. Mehr als 40 % ihrer Beschäftigten sind Einpendler (vgl. Abb. 4).

Der Bergbau stellt in ihrem Bereich den wichtigsten Industriezweig dar. Die räumliche Anordnung der Zechen zeigt eine ziemlich starke Dispersion; daher sind für diese Industriegebiete die kleineren Einpendlerorte (Gemeinden mit 800 - 3.000 industriell Beschäftigten) charakteristisch (s. Tab. 7). Neben diesen kleineren Einpendlerzentren spielen die größeren (über 10.000 Beschäftigten) eine wichtige Rolle. Nach der Zahl der Beschäftigten gehören 21,7 % zu ihnen. Die drei Großstädte Miskolc im Borsoder Gebiet, Pécs im Baranyaer Gebiet und Györ haben als die drei größeren Einpendlerorte eine Industriebeschäftigtenzahl von 20.000 - 40.000. Die höchste Größenklasse (über 40.000 Beschäftigten) kommt nur in Buda-

Abb. 4
EINTEILUNG UNGARNS NACH KOMITATEN
(Stand: 1970)

Quelle: Lettrich, E.; Urbanizálódás Magyarországon
Akadémiai Kiadó, Budapest 1965
Entwurf: E. Lettrich, Budapest

Reproduktion:
Wirtschaftsgeographisches Institut der Universität München 1973
Vorstand: Prof. Dr. K. Ruppert

pest vor. Das Übergewicht der sehr kleinen und sehr großen Einpendlerzentren und der Mangel an mittelgroßen Industriestädten sind charakteristisch für die ungarischen Industriegebiete und ihre Größenstruktur.

Im Urbanisierungsprozeß und bei der räumlichen Verteilung der Bevölkerung spielen die Industriebetriebe eine hervorragende Rolle. Die ländlichen Gemeinden können mit ihnen weder bei der Größe des durchschnittlichen Haushaltseinkommens noch bei der Entwicklung der technischen Infrastruktur und des Dienstleistungsgewerbes der Siedlungen Schritt halten. Sie und die größeren Städte Ungarns (s. Tab. 4) spielen im Urbanisierungsprozeß die führende Rolle.

Die großen Unterschiede zwischen dem durchschnittlichen Haushaltseinkommen der ländlichen Gemeinden im Alföld (z.B. 576 Ft pro Monat in Szabolcs, 663 Ft in Hajdu) und die Städte in

Tabelle 5 Industriebeschäftigte und Pendler 1960

Industriegebiete	1. Ortsansässige Industriebeschäftigte		2. Tagespendler	3. Wochenpendler	(2 + 3) Pendler insgesamt		(1 + 2 + 3) Industriebeschäftigte insgesamt	
	Personen	%	Personen	Personen	Personen	%	Personen	%
Budapester Agglomeration	409.282	78,2	89.856	24.067	113.923	21,8	523.205	100,0
Borsoder Gebiet	51.237	55,8	30.496	8.041	40.537	44,2	91.774	100,0
Nord-Transdanubien	30.942	58,8	16.348	5.360	21.708	41,2	52.650	100,0
Mittleres Transdanubien	20.528	50,1	16.921	3.534	20.455	49,9	40.983	100,0
Baranya	26.019	72,4	7.179	2.763	9.915	27,6	35.933	100,0
Györer Gebiet	17.042	61,6	10.212	415	10.627	38,4	27.669	100,0
Nógráder Gebiet	10.385	40,5	12.582	2.650	15.232	59,5	25.617	100,0
Insgesamt	565.434	70,9	185.594	46.803	232.407	29,1	797.831	100,0
Ungarns Industr. Erwerbstätige insgesamt	792.474	73,1	236.207	55.636	291.842	26,9	1.084.316	100,0

Quelle: Lettrich, E., Industriegebiete Ungarns, a.a.O., Pendelwanderungsstatistik, Veröff. des Ungar. Statist. Landesamtes, Budapest 1961.

Tabelle 6   Der Anteil der Erwerbstätigen in Bergbau und Industrie in den ungarischen Industriegebieten 1960

Industriegebiete	Bergbau		Schwerindustrie		Sonstige Industrie		Insgesamt	
	Erwerbs-tätige	%	Erwerbs-tätige	%	Erwerbs-tätige	%	Erwerbs-tätige	%
Budapest	3.234	1,1	301.994	56,9	217.977	42,0	523.205	100,0
Borsoder Gebiet	29.791	36,6	51.635	63,4	10.348	11,0	91.774	100,0
Nord-Transdanubien	30.984	65,0	16.677	35,0	4.989	9,0	52.650	100,0
Mitteltransdanubien	18.748	54,7	15.542	45,3	6.703	16,0	40.983	100,0
Baranya	20.363	74,5	6.961	25,5	8.609	24,0	35.933	100,0
Györer Gebiet	-	-	14.039	51,0	13.630	49,0	27.669	100,0
Nógráder Gebiet	14.898	59,4	10.194	40,6	525	2,0	25.617	100,0
Insgesamt	118.018	22,0	417.042	78,0	262.771	33,0	797.831	100,0

Abb. 5
DURCHSCHNITTLICHES HAUSHALTSEINKOMMEN IN DEN STÄDTEN UND LÄNDLICHEN GEMEINDEN UNGARNS 1959

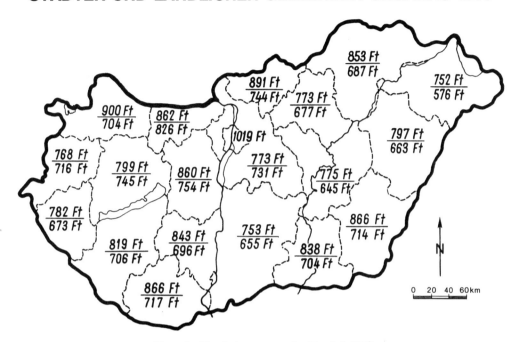

Haushaltseinkommen in Forint (Ft):
In Städten im Durchschnitt 752 Ft
In ländlichen Gemeinden
im Durchschnitt 576 Ft

Quelle: Lettrich, E.; Urbanizálódás Magyarországon
Akadémiai Kiadó, Budapest 1965
Entwurf: E. Lettrich, Budapest

Reproduktion:
Wirtschaftsgeographisches Institut der Universität München 1973
Vorstand: Prof. Dr. K. Ruppert

Nord-Transdanubien (900 Ft in Györ, 862 in Komárom) und der Hauptstadt (mit 1.019 Ft) zeigen anschaulich die Attraktivkräfte der Gebiete mit entwickelter Industrie (Abb. 5).

Gleichzeitig mit der Entwicklung der Industrie - die räumlich stark konzentriert ist - nahm eine fortlaufende zunehmende Bevölkerungsmobilität ihren Anfang, deren wichtigste Ausprägungen z.Z. die Binnenwanderung und der Pendelverkehr sind.

Das Ausmaß der Binnenwanderung ist erheblich (Abb. 6). Zwischen 1949 bis 1960 wechselten jährlich rd. 300.000 Personen ihren Wohnsitz. Die Städte und urbanen Gemeinden der Industriegebiete erreichten in dieser Periode ein starkes Bevölkerungswachstum. Die Agrargebiete - sowohl die ländlichen Gemeinden als auch die Agrarstädte - wurden zu Entleerungs-

Tabelle 7 a Die Einpendlerzentren nach der Zahl ihrer Erwerbstätigen 1960

Industriegebiete	80 – 1.500	1.500 – 3.000	3.000 – 5.000	5.000 – 10.000	10.000 – 20.000	20.000 – 40.000	über 40.000	insges.	durchschnittliche Zahl d. Erwerbstätigen*
Budapest	1	–	–	2	1	–	1	5	6.506
Borsoder Gebiet	12	4	3	1	1	1	–	22	4.400
Nord-Transdanubien	2	5	2	2	1	–	–	12	4.400
Mittel-Transdanubien	10	4	2	3	–	–	–	17	2.800
Baranya	4	1	–	–	–	1	–	7	5.100
Nógráder Gebiet	6	2	1	–	1	–	–	10	2.600
Györer Gebiet	–	–	–	–	1	–	–	1	27.700
Insgesamt:	35	16	6	8	5	3	1	74	

* ohne Budapest; Budapest: 480.000

Quelle: Lettrich, E., a.a.O.

Tabelle 7 b Der Anteil der Erwerbstätigen nach der Größe der Einpendlerorte 1960

Industriegebiete	800 – 3.000	3.000 – 5.000	5.000 – 10.000	10.000 – 20.000	20.000 – 40.000	über 40.000	insgesamt
Budapest	–	–	2,3 %	2,2 %	–	95,5 %	100,0 %*
Borsoder Gebiet	21,8 %	10,6 %	6,6 %	18,6 %	42,4 %	–	100,0 %
Nord-Transdanubien	26,6 %	13,9 %	23,2 %	36,3 %	–	–	100,0 %
Mittel-Transdanubien	45,6 %	–	44,4 %	–	–	–	100,0 %
Baranya	15,3 %	–	–	28,2 %	56,5 %	–	100,0 %
Nógráder Gebiet	41,4 %	16,1 %	–	42,5 %	–	–	100,0 %
Györer Gebiet	–	–	–	–	100,0 %	–	100,0 %
Insgesamt	11,4 %	2,6 %	6,6 %	8,6 %	10,7 %	60,1 %	100,0 %
Budapest	27,9 %	7,0 %	16,2 %	21,7 %	27,2 %	–	100,0 %

* ohne Budapest;

Quelle: Lettrich, E., a.a.O.

Abb. 6
ANTEIL DER ZUGEZOGENEN PERSONEN AN DER WOHNBEVÖLKERUNG DER VERWALTUNGSKREISE IN UNGARN 1960

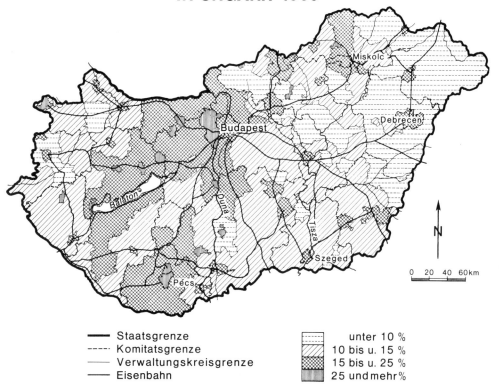

—— Staatsgrenze	┊┊┊ unter 10 %
---- Komitatsgrenze	▨ 10 bis u. 15 %
—— Verwaltungskreisgrenze	▩ 15 bis u. 25 %
—— Eisenbahn	▦ 25 und mehr %

Quelle: Lettrich, E.; Urbanizálódás Magyarországon
Akadémiai Kiadó, Budapest 1965
Entwurf: E. Lettrich, Budapest

Reproduktion:
Wirtschaftsgeographisches Institut der Universität München 1973
Vorstand: Prof. Dr. K. Ruppert

gebieten, von denen insbesondere die Tanyen, die Großdörfer und die industriearmen Agrarstädte des Alfölds hohe Bevölkerungsverluste erlitten. Die Einpendlerzentren konnten wegen des Wohnungsmangels und der schwachen Neubautätigkeit nur einen Teil der aus ländlichen Gemeinden weggezogenen Bevölkerung aufnehmen. Der größte Teil siedelte sich in den Pendlerzonen an (innere und äußere Zone der Arbeiterwohngemeinden in den Industriegebieten, s. Abb. 7) und trugen auf diese Weise zur Verstädterung des Pendelverkehrs bei.

Die Zahl der Tages- und Wochenpendler wuchs bis 1960 auf über 350.000, davon sind 233.000 Pendler der Industriegebiete (s. Tab. 4).

Die Hauptstadt, die Schwerindustriegebiete in Transdanubien

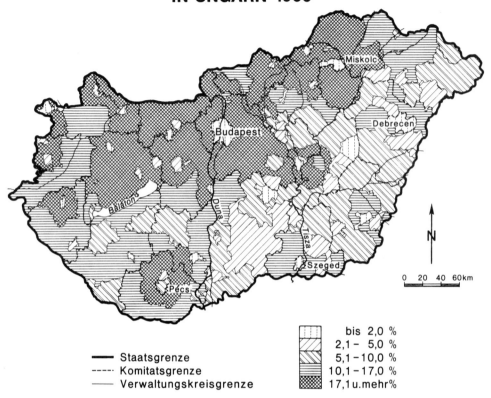

Abb. 7
ANTEIL DER EINPENDLER (TAGES- UND WOCHENPENDLER) AN DER GESAMTZAHL DER ERWERBSPERSONEN IN UNGARN 1960

Quelle: Lettrich, E.; Urbanizálódás Magyarországon
Akadémiai Kiadó, Budapest 1965
Entwurf: E. Lettrich, Budapest

Reproduktion:
Wirtschaftsgeographisches Institut der Universität München 1973
Vorstand: Prof. Dr. K. Ruppert

und im Norden hatten die ausgedehntesten Pendlereinzugsbereiche (Abb. 7). Mehr als 25 % aller Pendler wohnen in einer Entfernung von über 1 Stunde Fahrtdauer von ihren Arbeitsstätten. In den Randzonen der Pendlereinzugsbereiche kommen die Haushalte der "Doppelbeschäftigten" als typische Erscheinung vor. Die Frauen sind in der LPG als Mitglied tätig, die Männer pendeln als angelernte Industriearbeiter. Als Haus- und Gartenbesitzer - Einfamilienhaus mit 2 Zimmern ist der am häufigsten vorkommende Typ - sind sie an den Wohnort gebunden. In den "inneren Zonen" des Pendlereinzugsbereichs ist stärkere Mobilität der Bevölkerung typisch. Sie wechseln Wohn- und Arbeitsort häufiger, weil sie in der Mehrheit Facharbeiter sind, die eine Mietwohnung bewohnen. Während die "Doppelbeschäftigten" den Typ der älteren Generation darstellen, ist die mobile Generation jünger und besser ausgebildet. Auch nach ihrer Lebensweise gibt es wesentliche Unterschiede zwischen ihnen. Die ältere Generation, ehemalige Bauern oder landwirtschaftliche Arbeiter, wollen sich - trotz der Abwanderung aus ihrer ländlichen Gemeinde und trotz des Erwerbswechsels - von der landwirtschaftlichen Tätigkeit nicht völlig frei machen. Auch als Industriearbeiter behielten sie ihre Anhänglichkeit an viele Traditionen, an ihre Ernährungs- und Wohngewohnheiten u.a. Die jüngere Generation dagegen hat schon eine urbane Lebensweise angenommen ohne Anhänglichkeit an für sie veraltete Traditionen.

Die starke Binnenwanderung hatte auch Auswirkungen auf den Altersaufbau der Agrargebiete, in denen sich durch die starken Bevölkerungsverluste an jüngeren Leuten, die in die Industriegebiete umsiedelten, ein Überalterungsprozeß entfaltete (Abb. 8). Der Anteil der über 60jährigen an der Wohnbevölkerung ist in den industriearmen Komitaten über 15 %. Nur im Kerngebiet der Hauptstadt kommt ein ähnlich hoher Anteil vor. Diese Umwandlung der Altersstruktur hat eine starke negative Auswirkung auf die natürliche Bevölkerungsbewegung. Durch den zurückgehenden Geburtenüberschuß oder sogar Sterbeüberschuß werden diese ländlichen Gemeinden zunehmend zu Entleerungsgebieten. Dieser Prozeß läuft mit wachsender Beschleunigung ab und verändert die räumliche Bevölkerungsverteilung und die Bevölkerungsdichte Ungarns (Abb. 9).

Im Jahre 1960 hatte Ungarn eine Bevölkerung von 9.976.530, davon in Transdanubien 3.011.876, im Alföld 3.845.841, im Norden 1.311.514 und in Budapest 1.807.299. Die Bevölkerungsverteilung ist im Zusammenhang mit den historischen Ereignissen und dem gegenwärtigen Bevölkerungskonzentrationsprozeß sehr unterschiedlich. Fast 25 % der gesamten Bevölkerung lebten in der Budapester Agglomeration (Budapest und 86 urbane Gemeinden, d.h. der "innere Gürtel" des Pendlereinzugsbereichs), deren Wachstum in den 50er Jahren infolge hohen Wanderungsüberschusses extrem stark war. Die früher dicht be-

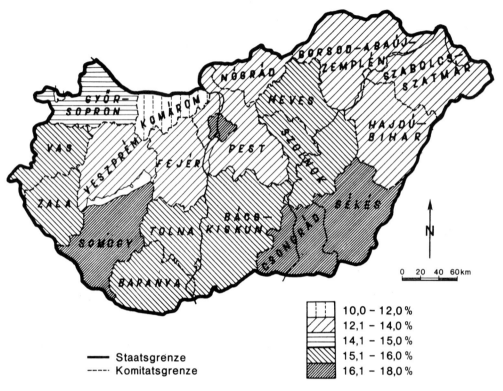

Abb. 8
ANTEIL DER BEVÖLKERUNG ÜBER 60 JAHRE AN DER WOHNBEVÖLKERUNG IN UNGARN 1960

Quelle: Lettrich, E.; Urbanizálódás Magyarországon
Akadémiai Kiadó, Budapest 1965
Entwurf: E. Lettrich, Budapest

Reproduktion:
Wirtschaftsgeographisches Institut der Universität München 1973
Vorstand: Prof. Dr. K. Ruppert

siedelten Agrargebiete im Alföld (Komitate Szabalocs und Békés) als sehr industriearme Gebiete hatten in dieser Epoche eine negative Wanderungsbilanz (Bevölkerungsverluste von etwa 800.000 Einwohnern). Dagegen wuchsen die Einwohnerzahlen der industriellen Komitate rasch: z.B. Borsod 40 %, Komarom 42 %, Györ 36 %, Pest 45 %.

Im letzten Drittel der 50er Jahre nahm die Wohnungsbautätigkeit in den Großstädten einen Aufschwung. Auch ihr Dienstleistungsbereich konnte sich rasch weiterentwickeln. Im Sinne der neueren Städtebaumaßnahmen - die Komitatssitze bekamen starke finanzielle Unterstützung für den Wohnungsbau - wurde die Bevölkerungsballung in den Großstädten Ungarns (über 100.000 Einwohner) beschleunigt. Miskolc, Pécs, Debrećen und Szeged entwickelten auf diese Weise im Vergleich zu ihrer Umgebung und zum Komitat eine starke Konzentration bei der

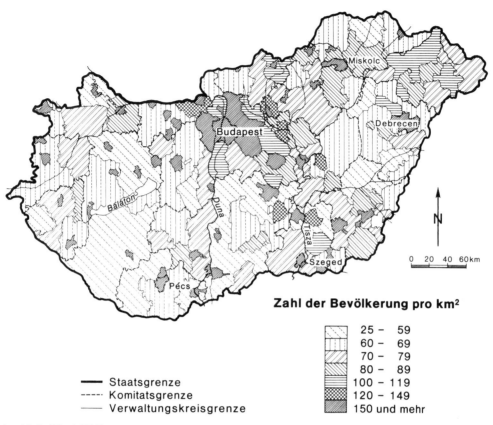

Abb. 9
BEVÖLKERUNGSDICHTE IN UNGARN 1960
NACH VERWALTUNGSKREISEN

Zahl der Bevölkerung pro km²

25 - 59
60 - 69
70 - 79
80 - 89
100 - 119
120 - 149
150 und mehr

— Staatsgrenze
---- Komitatsgrenze
— Verwaltungskreisgrenze

Quelle: Lettrich, E.; Urbanizálódás Magyarországon
Akadémiai Kiadó, Budapest 1965
Entwurf: E. Lettrich, Budapest

Reproduktion:
Wirtschaftsgeographisches Institut der Universität München 1973
Vorstand: Prof. Dr. K. Ruppert

Wohnbevölkerung und beim Anteil der Erwerbstätigen in Handel, Dienstleistungen, Verwaltung und Industrie (s. Tab. 8). Nur Budapest konnte diesen Konzentrationsgrad noch bedeutend übertreffen (Zahl der industriell Erwerbstätigen: 564.000, der tertiär Beschäftigten: 595.000).

Im Zusammenhang mit diesen wirtschaftlichen und sozialen Umwandlungen veränderte sich auch die Lebensweise der Bevölkerung. Eine breite Schicht der Gesellschaft hat in dieser Periode eine urbane Lebensweise angenommen, ihr Anteil vergrößert sich mit dem Fortschritt des Urbanisierungsprozesses. Die Mehrheit dieser Bevölkerungsteile ist Städter oder Einwohner der urbanen Gemeinden.

Tab. 8: Die Konzentration der Wohnbevölkerung, des Industrie- und Dienstleistungssektors in der Budapester Agglomeration und in den 4 Großstädten Ungarns 1960   1)

	Wohnbevölkerung	Erwerbstätige in				
		Industrie	Verkehr	Handel	Dienst-leistungen	Verwaltung
Anteil von Budapest an Ungarn	18,1	35,9	27,5	37,4	48,6	31,7
Anteil des Komitats Pest an Ungarn (ohne Budapest)	7,8	10,0	9,9	6,4	5,4	6,5
zusammen	25,9	45,9	37,4	43,8	54,0	38,2
Anteil von Miskolc am Komitat Borsod	19,7	39,4	31,0	38,3	51,4	37,4
Anteil von Pécs am Komitat Baranya	28,6	48,6	47,2	51,4	57,0	64,4
Anteil von Debrecen am Komitat Hajdu	24,7	56,1	43,5	48,6	60,6	49,0
Anteil von Szeged am Komitat Csongrád	22,6	43,7	47,1	39,5	50,2	41,1

Quelle: Lettrich,E., Urbanizálodás Magyarországon (Urbanisationsprozeß in Ungarn), Budapest 1965, S. 61

In den 50er Jahren begann also in Ungarn die eigentliche Entwicklung des Urbanisierungsprozesses. Die Darstellung der räumlichen Differenzierung dieses Prozesses wurde an Hand einer Gemeindetypisierung nach der Erwerbsstruktur der Wohnbevölkerung im Jahre 1960 durchgeführt.[1)]

Im Dreiecksdiagramm wurden aufgrund empirisch ausgewählter Schwellenwerte die folgenden Gemeindetypen festgelegt (s. Abb. 10):

1. Agrartyp: Gemeinde mit einer Agrarquote über 55 %
   Subtypen: I = Gemeinde mit starkem Agrarcharakter (Agrarquote über 75 %)
                     II = Gemeinde mit mäßigerem Agrarcharakter (Agrarquote: 55 - 75 %)

---

1) Lettrich, E., Urbanizálodás Magyarszagon (Urbanisierungsprozeß in Ungarn), Budapest 1966.

2. Mischtyp: Gemeinde mit einer Agrarquote von 36,5 - 55 %
   Subtypen:
   a) = Anteil der industriell Erwerbstätigen ist größer als der sonstigen
   b) = Anteil der industriell Erwerbstätigen ist kleiner als der der sonstigen

3. Urbaner Typ: Gemeinde mit einer Agrarquote unter 36,5 %
   Subtypen:
   I = Gemeinde mit einer Agrarquote von 15 - 36 %
   II = Gemeinde mit einer Agrarquote unter 15 %

A = urbane Gemeinde mit starkem industriellen Charakter (I : S = über 1,33)

B = Gemeinde mit vielseitigen Dienstleistungen und Industrien (I : S = 0,66 - 1,33)

C = industriearme Gemeinde mit entwickeltem Dienstleistungsgewerbe, Fremdenverkehrs- und Erholungsfunktionen (I : S = unter 0,66)

In Tab. 9 wurde in den einzelnen Gemeindetypen auch ihr Verwaltungsstatus (Stadt oder Gemeinde) eingetragen, weil der Gemeindehaushalt finanziell beschränktere Möglichkeiten zur Infrastrukturentwicklung hat als der Haushalt bei Städten.

Während der 50er Jahre verminderte sich die Bevölkerung der agrarischen Gemeinden um 368.714 Einwohner. Im Jahre 1949 waren 53 % der Gesamtbevölkerung Ungarns Einwohner von Gemeinden mit Agrarcharakter. Ihr Anteil nahm bis zum Jahre 1960 sehr stark auf 34,6 % ab. Diese Veränderung entstand durch Umwandlung in der Erwerbsstruktur der Ortsansässigen, insbesondere dann, wenn in erreichbarer Nähe genügend "nicht-agrare" Beschäftigungsmöglichkeiten vorkamen und durch Binnenwanderung in die Städte und Gemeinden der Industriegebiete auf Kosten der ländlichen Gemeinden und Agrarstädte.

Die Einwohnerzahl der urbanen Gemeinden wuchs in dieser Periode um 1.471.998 Einwohner, von denen auf die Hauptstadt 218.000, auf die anderen Städte 655.000 und auf die urbanen Gemeinden 578.000 Einwohner entfielen. Die gesamte Einwohner-

Tab. 9: Die Zahl und der Anteil der Wohnbevölkerung der verschiedenen Gemeindetypen im Jahre 1949 und 1960

Gemeindetyp	1949 Einwohner	%	1960 Einwohner	%	Differenz 1949 - 1960 Einwohner	1949 = Index: 100
1. Urban						
Budapest	1.589.065	17,3	1.807.299	18,1	+ 218.234	114
Städte	1.107.905	12,0	1.763.748	18,7	+ 655.843	159
Gemeinden	728.516	7,9	1.326.437	12,3	+ 597.921	184
Urbane insgesamt:	3.425.486	37,2	4.897.848	49,1	+ 1.471.998	145
2. Gemischt						
Städte	451.924	4,9	328.482	3,3	- 123.442	73
Gemeinden	446.581	4,8	1.238.470	12,4	+ 791.889	276
Gemischt insgesamt:	898.505	9,7	1.566.952	15,7	+ 668.447	174
3. Agrarisch						
Städte	191.882	2,1	63.132	0,6	- 128.750	33
Gemeinden	4.688.926	51,0	3.448.962	34,6	- 1.239.964	74
Agrarisch insgesamt:	4.880.808	53,1	3.512.094	35,2	- 1.368.714	71
UNGARN insges.:	9.204.799	100,0	9.976.530	100,0	+ 771.731	107

Quelle: Lettrich, E., Urbanisierungsprozeß in Ungarn, a.a.O., S. 35

zahl der urbanen Siedlungen Ungarns erreichte im Jahre 1960 49,1 % der Bevölkerung.

Das stärkste Wachstum zeigten während dieser Periode die Gemeinden mit gemischtem Charakter (792.000 Einw. = Zunahme um 176 % gegenüber 1949), während die Städte des gemischten Typs eine negative Bevölkerungsbilanz mit etwa ähnlich hohem Bevölkerungsverlust wie die Agrostädte hatten (123.000 Einw.).

Die Abbildungen 11 und 12 stellen anschaulich die räumliche Ausdehnung des urbanen Bereiches vom Jahre 1949 bis 1960 dar.

Abb. 11 u. 12
ANTEIL DER WOHNBEVÖLKERUNG DER „NICHT-AGRARISCHEN" GEMEINDEN IN UNGARN

Die Situation 1949

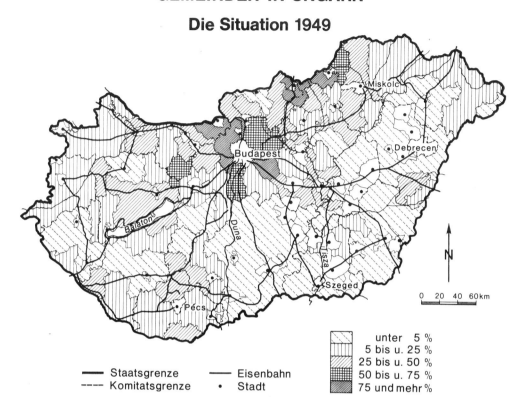

Die Situation 1960

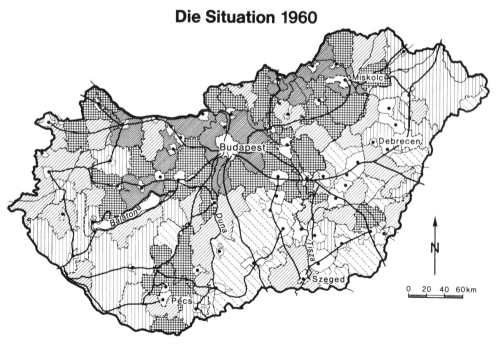

Quelle: Lettrich, E.; Urbanizálódás Magyarországon
Akadémiai Kiadó, Budapest 1965
Entwurf: E. Lettrich, Budapest

Reproduktion:
Wirtschaftsgeographisches Institut der Universität München 1973
Vorstand: Prof. Dr. K. Ruppert

Die räumliche Verteilung der verschiedenen Gemeindetypen wird vom Industrialisierungsgrad der einzelnen Gebiete stark beeinflußt (vgl. Abb. 10 im Anhang).

Die Gemeinden mit Agrarcharakter zeigen eine regelmäßige, zonale Anordnung. Sie umringen in breiter Zone die sich über das nördliche Drittel des Landes erstreckenden urbanen Gebiete. Ihr Anteil an der Zahl der Gemeinden ist beachtlich hoch: nämlich 68,6 % (das sind 2.281 Gemeinden, davon 3 mit städtischem Verwaltungsstatus: Hajduböszörmény, Hajdunánás und Turkeve). Aber nach dem Anteil der Einwohnerzahl repräsentieren sie nur 35,2 % der Gesamtbevölkerung Ungarns.[1]

In den Komitaten Bács, Csongrad, Szabolcs - den wichtigsten Obst- und Weinbaugebieten des Alföld - und in den Zwergdörfergebieten von Süd-Transdanubien, d.h. in den Komitaten Baranya, Somogy und Zala, bilden diese Agrargemeinden eine räumlich zusammenhängende Zone. Innerhalb dieser Zone liegen die Gemeinden mit extremem Agrarcharakter in inselhafter räumlicher Anordnung. Sie kommen vorwiegend in den Streusiedlungsgebieten (Tanyen) des Alföld und in weilerähnlichen Siedlungen von Transdanubien vor. Hohe Bevölkerungsmobilität, starke negative Wanderungsbilanz, geringer Anteil der jüngeren Generation und rascher Rückgang der arbeitsfähigen Bevölkerung sind die demographischen Charakteristika dieser Gebiete (vgl. Tab. 10).[2]

Die Gemeinden mit gemischtem Charakter liegen in der Randzone der Industriegebiete oder entlang der Hauptlinien des

---

1) Major, J., Magyarország településhálozata, különös tekintettel a mezögazdasági településekre (Die Eigenartigkeiten des ungarischen Siedlungsnetzes mit Rücksicht auf die ländlichen Gemeinden in: Mezögazdasag es településtervezes (Landwirtschaft und Landesplanung), Red: Perényi, Budapest 1962, S. 8-83.

2) Erdei, F., Futohomok (Flugsand), 2. Aufl., Budapest 1959; ders., New solution of an old settlement problem, in: Bulletin of Research Institut for Agricultural Economics, Nr. 14, 1966, S. 7-23.

Tabelle 10 Bevölkerung der Gemeindetypen im Jahre 1960

Gemeindetypen	Transdanubien		Nord		Alföld		Budapest		Ungarn	
	Einwohner	%	Einwohner	%	Einwohner	%	Einwohner	%	Einwohner	%
Agrarischer Typ	1.258.345	41,8	389.767	29,7	1.863.982	48,5	–		3.512.094	35,2
Gemischter Typ										
Subtyp a	268.830	7,5	151.454	11,5	305.509	8,2			725.793	7,3
Subtyp b	224.902	8,9	121.283	9,4	494.974	12,6			841.159	8,4
insgesamt:	493.732	16,4	272.737	20,9	800.483	20,8	–		1.566.952	15,7
Urbaner Typ I										
Subtyp A	189.825	6,3	139.889	10,6	172.785	4,5			502.499	5,0
Subtyp B	100.666	3,3	17.380	1,3	250.262	6,5			368.308	3,7
Subtyp C	116.638	3,9	74.040	5,7	192.799	5,0			383.477	3,9
insgesamt:	407.129	13,5	231.309	17,6	615.846	16,0	–		1.254.284	12,6
Urbaner Typ II										
Subtyp A	242.625	8,2	135.153	10,2	170.245	4,4	–		548.023	5,5
Subtyp B	489.228	16,0	197.275	15,2	209.719	5,5	1.807.299	18,1	2.703.521 *	27,0
Subtyp C	120.817	4,1	85.273	6,4	185.566	4,8	–		391.656	4,0
insgesamt:	852.670	28,3	417.701	31,8	565.530	14,7	1.807.299	18,1	3.643.200	36,5
INSGESAMT:	3.011.878	100,0	1.311.514	100,0	3.845.841	100,0	1.807.299	18,1	9.976.530	100,0

* ohne Budapest; Budapest: 1.356.550 = 18,4 %

Quelle: Lettrich, E., a.a.O.

Eisenbahnnetzes, so daß auch mehrere Eisenbahnergemeinden vorkommen (die Männer sind bei der Eisenbahn beschäftigt, ihre Frauen als LPG-Mitglieder in der Landwirtschaft tätig). Sie bilden das beste Beispiel für die "doppelbeschäftigten" Familien. Wie schon erwähnt, ist ihre Lebensweise von dieser Zwischenstellung stark beeinflußt, unabhängig davon, ob die industriellen oder sonstigen Auspendler überwiegen. 558 Gemeinden gehören zur Gruppe des gemischten Typs, sie repräsentieren einen Anteil von 15,7 % an der Gesamtbevölkerung. Die Verteilung der Wohnbevölkerung auf die 2 Subtypen zeigt nur wenige Unterschiede (Einwohnerzahl von Subtyp a) 725.000, von Subtyp b) 841.000). Dieser Gemeindetyp steht also am Anfang der Urbanisierung, wobei die Entwicklung von der Verkehrslage der Gemeinde stark beeinflußt wird. Die häufigste Größenklasse der gemischten Gemeinden liegt nach der Einwohnerzahl zwischen 1.000 bis 3.000 (vgl. Tab. 11).

Doch im Alföld gibt es wesentlich größere Gemeinden, zum Teil bis über 20.000 Einwohner. 1/3 der Bevölkerung der Alföld-Städte gehört zur Gruppe der gemischten Gemeinden. Sie waren früher die Handels- und Verwaltungszentren mit einem Übergewicht der landwirtschaftlichen Einwohner. Aufgrund ihrer ehemaligen Privilegien konnten sie bis heute ihren städtischen Verwaltungsstatus bewahren. In ihren ausgedehnten Gemarkungen wohnen z.Z. noch Tausende von Einwohnern in Tanyas, die rein agrarischen Charakter haben. Die meisten Hajdu-, Kun- und Jász-Städte befinden sich darunter. Ihre Förderung bringt aufgrund des Mangels an Industrie und an jüngeren, arbeitsfähigen Einwohnern relativ schwierige Probleme mit sich (vgl. Abb. 13).

Die Zahl der Gemeinden mit urbanem Charakter beträgt 434. Sie repräsentieren nur einen geringen Anteil an der Gesamtzahl der 3273 ungarischen Gemeinden. Doch ihre Einwohnerzahl ist wegen der starken Bevölkerungskonzentration mit 4.897.484 Einwohnern (d.h. 49,1 % der Bevölkerung Ungarns) groß. Jeder wichtige zentrale Ort und 386 urbane Gemeinden befinden sich

Tabelle 11   Zahl und Anteil der Gemeinden nach dem Typ der Erwerbsstruktur und der Größe der Wohnbevölkerung im Jahre 1960

Größe der Wohnbevölkerung	Agrartyp		Mischtyp		Urbaner Typ I		Urbaner Typ II		Gemeindezahl in Ungarn insgesamt	
	Zahl der Gemeinden abs.	%	Zahl der Gemeinden abs.	%	Zahl der Gemeinden abs.	%	Zahl der Gemeinden abs.	%	abs.	%
1 – 500	535	23,0	53	9,0	8	3,0	1	1,0	597	18,2
500 – 1.000	632	28,0	131	24,0	45	15,0	6	4,0	814	24,9
1.000 – 2.000	593	26,0	170	30,0	92	31,0	21	15,0	876	26,8
2.000 – 3.000	244	11,0	86	16,0	48	16,0	18	13,0	396	12,1
3.000 – 5.000	188	8,0	56	10,0	49	17,0	21	15,0	314	9,6
5.000 – 10.000	70	3,0	30	4,0	32	11,0	28	20,0	160	4,9
10.000 – 20.000	18	1,0	21	5,0	13	4,0	17	12,5	69	2,1
20.000 – 50.000	1	–	10	2,0	7	2,0	17	12,5	35	1,1
50.000 – 100.000	–	–	1	–	2	1,0	5	4,0	8	0,2
100.000 und mehr	–	–	–	–	–	–	4	3,0	4	0,1
Insgesamt	2.281	100,0 %	558	100,0 %	296	100,0 %	138	100,0 %	3.273	100,0 %

Quelle: Lettrich, E., a.a.O.

in dieser Gruppe. Ihre durchschnittliche Größe beträgt, nach der Bevölkerungszahl gemessen, zwischen 20.000 bis 50.000 Einwohner (ohne die Hauptstadt) gerechnet. Die räumliche Verteilung der urbanen Gemeinden ist vorwiegend von der räumlichen Anordnung der Industriegebiete determiniert.

Mehr als 1/3 der Einwohnerschaft dieses Typs wohnte im Jahre 1960 in Budapest. Wenn wir die Bevölkerungszahl der urbanen Gemeinden in der Budapester Agglomeration, deren größter Teil im Komitat Pest, also im NW-Alföld liegt, noch hinzurechnen, so erkennt man die große Ballung (Budapest und 97 weitere Gemeinden (vgl. Tab. 10 und Tab. 12).

Tab. 12: Verteilung der urbanen Gemeinden auf Transdanubien, das Alföld, den Norden und die Budapester Agglomeration

Gemeindetypen	Agglomeration von Budapest	Alföld	Transdanubien	Norden	Insgesamt
urbaner Typ I darunter Städte	56 (—)	19 (9)	126 (2)	95 (1)	296 (12)
urbaner Typ II darunter Städte	41 (3)	5 (3)	50 (22)	42 (8)	102 (36)
Insgesamt	97	24	176	137	434

Diese Unterscheidung der urbanen Gemeinden nach der Agrarquote (15 bis 36,4 % als zur I. Stufe und unter 15 % als zur II. Stufe rechnend) war wegen der Besonderheiten des ungarischen Siedlungsnetzes nötig.

Im Alföld haben die meisten Städte eine sehr große Gemarkung und ein beträchtlicher Teil der Gesamtbevölkerung (zwischen 18 - 30 %) lebt in Streusiedlungen (Tanyen) mit vorwiegend landwirtschaftlicher Erwerbstätigkeit (z.B. in Baja, Cegléd, Kecskemét, Békéscsaba, Gyula, Jászberény, Kalocsa usw.).[1]

---

1) Vgl. Lettrich, E., Kecskemét, a typical Town of the Great Hungarian Plain, in: Studies in Geography in Hungary, Nr. 9, S. 145-164.

Nur die größten Alföldstädte sind durch die verwaltungsmäßige Abtrennung ihrer ehemals großen Gemarkung frei von Tanyabewohnern (Szeged, Debrecen, Szolnok). Sie vertreten die urbanen Gemeinden des Typs II, im Gegensatz zu den 9 anderen Alföldstädten mit Tanyabewohnern, die zur I. Stufe der Urbanität gehören. In anderen Landschaften Ungarns repräsentieren die urbanen Gemeinden des Typs I Bergbaudörfer, Verkehrsknotenpunkte (z.B. Celldömölk, Dombovar in Transdanubien, Vamosgyörk, Szajol, Záhony im Norden bzw. in Alföld), Erholungs- und Fremdenverkehrsorte (Balatonmária, Tapolca, Tihany und andere am Plattenseeufer), kleiner Kreisstädte in Transdanubien und im Norden (z.B. Körmend, Siklós, Barcs, Encs, Abaujszánto usw.), wo überall die Landwirtschaft gegenwärtig noch eine Bedeutung für die Erwerbsstruktur der Bevölkerung hat.

Die Gemeinden des urbanen Typs II sind nach Funktionen, Physiognomie und Lebensweise der Bevölkerung jene mit dem höchsten Grad der Urbanität in Ungarn. In diesen Gemeinden (insgesamt 102, davon 36 mit städtischem Verwaltungsstatus) wohnen 3.643.200 Einwohner (oder 36,5 % der Gesamteinwohnerschaft) bzw. ohne Budapest 1.356.550 (gleich 18,4 %).

Zu ihrer Gliederung wurden nach dem Anteil der industriellen und sonstigen Erwerbstätigen die Subtypen A, B und C festgelegt. Subtyp A stellt den Typ mit stark entwickelter Industrialisierung, ohne bedeutende Dienstleistungsfunktionen über die Bedürfnisse der Ortsansässigen hinaus, dar (insgesamt 77 Gemeinden). Die neueren Industriestädte Ungarns (Ajka, Dunaujvaros, Oroszlany, Kazincbarcika, Komlo), die z.Z. keine wesentlichen überörtlichen städtischen Funktionen besitzen, befinden sich in dieser Gruppe, außerdem die Arbeiterwohngemeinden mit hohem Anteil an industriellen Auspendlern (zwischen 65 - 85 %). Diesen zuletzt erwähnten, urbanen Gemeinden des Typs II fehlen also höhere Dienstleistungsfunktionen, deren Aufbau eine der dringlichsten Aufgaben ihrer regionalpolitischen Förderung ist (z.B. in Gestalt von Ge-

Abb. 13
VERTEILUNG DER GEMEINDETYPEN IN DEN UNGARISCHEN KOMITATEN NACH DER RELATIVEN ZAHL DER WOHNBEVÖLKERUNG 1960

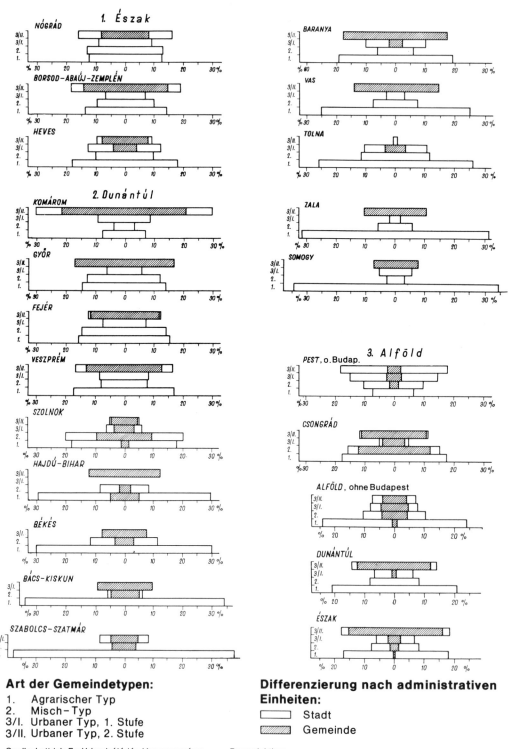

Art der Gemeindetypen:
1. Agrarischer Typ
2. Misch-Typ
3/I. Urbaner Typ, 1. Stufe
3/II. Urbaner Typ, 2. Stufe

Quelle: Lettrich, E.; Urbanizálódás Magyarországon
Akadémiai Kiadó, Budapest 1965
Entwurf: E. Lettrich, Budapest

Differenzierung nach administrativen Einheiten:
☐ Stadt
▨ Gemeinde

Reproduktion:
Wirtschaftsgeographisches Institut der Universität München 1973
Vorstand: Prof. Dr. K. Ruppert

schäften, Vergnügungsstätten oder Erholungsmöglichkeiten).
Diese Unterentwicklung im Dienstleistungssektor spielt eine
große Rolle als Anlaß zum Wegzug und erklärt zum Teil die hohe Mobilität der Bevölkerung dieser Gemeinden. Daneben sind
noch andere Gründe, wie z.B. die Inhomogenität der Haushalte, der Mangel an lokalen Arbeitsmöglichkeiten für Frauen
usw. zu erwähnen. Etwa 15 % der Einwohner der urbanen Gemeinden des Typs II leben im Subtyp A.

Etwa 70 % der Bevölkerung der urbanen Gemeinden des Typs II
lebt in Gemeinden des Subtyps B (insgesamt 41 Gemeinden), in
denen neben einem höheren Anteil an industriellen Erwerbstätigen außerdem viele sonstige Erwerbstätige wohnen. Mehr als
3/4 von ihnen sind Stadtbewohner - die Mittel- und Großstädte Ungarns gehören zu diesem Subtyp (36 Städte sowie die
Hauptstadt). Sie stellen z.Z. den höchsten Urbanitätsgrad
innerhalb der gegenwärtigen Entwicklungsphase des Urbanisierungsprozesses in Ungarn dar. Durch die besondere Förderung
der Wohnbautätigkeit wird ihre Anziehungskraft in der nächsten Entwicklungsphase sogar noch verstärkt. Gegenwärtig verhindert starker Wohnungsmangel noch den Zuzug beträchtlicher
weiterer Teile der Bevölkerung. Trotz dieser Schwierigkeiten
hatten sie während der 50er Jahre das stärkste Bevölkerungswachstum (zwischen 25 - 38 %), neben dem herausragenden
Wachstum der neuen ungarischen Industriestädte (Ajka, Oroszlany, Dunaujvaros usw. mit 55 - 80 %).

Die industriearmen urbanen Gemeinden der II. Stufe der Urbanität bilden den Subtyp C. Ihre etwa 400.000 Einwohner (vgl.
Tab. 10) stellen 1/10 der gesamten Bevölkerung der urbanen
Gemeinden des Typs II und 4 % der Bevölkerung Ungarns dar.
Sie liegen im Alföld, am Rande der Industriegebiete im Norden und in Transdanubien, meist als Endstation einer Eisenbahnnebenlinie. Als zentrale Orte, meist mittlerer Stufe
(Kreisstädte), in ländlichen Gebieten besitzen sie überörtliche Funktionen (Verwaltung, Schulwesen, Kulturzentrum usw.).
Eger, Hatvan, Balassagyarmat im Norden, Veszprem, Keszthely,

Nagykanizza in Transdanubien repräsentieren diesen Typ. Eine kleinere Anzahl von ihnen sind stark entwickelte Erholungs- und Fremdenverkehrsorte; sie liegen am Ufer des Plattensees (Siofok, Balatonfüred, Heviz) oder Naherholungsgemeinden der Hauptstadt im Donaukniegebiet (Visegrad, Leanyfalu). Ihre unterentwickelte Infrastruktur, die Abwanderung der jüngeren Generation sowie der Mangel an Industriebetrieben bilden jedoch schwierige Probleme.[1]

In bezug auf die räumliche Verteilung der einzelnen Gemeindetypen in Transdanubien, im Alföld und im Norden ergeben sich jedoch wesentliche Unterschiede (vgl. Tab. 10 und 12). Im Norden entspricht die Verteilung der agrarischen, gemischten und urbanen Gemeinden nach der Zahl ihrer Wohnbevölkerung beinahe dem Durchschnitt von Ungarn (agrarischer Typ = 35,2 %, gemischter Typ = 15,7 %, urbaner Typ I = 12,6 %, urbaner Typ II = 36,5 %). Transdanubien bleibt etwas zurück wegen des größeren Anteils der Agrargemeinden, die im Gebiet südlich des Plattensees eine ausgedehnte zusammenhängende Agrarlandschaft bilden. Das Alföld zeigt ein ganz eigenartiges Bild mit herausragendem Anteil von 48,5 % der Agrargemeinden und geringer Zahl der Bevölkerung in den urbanen Gemeinden des Typs II (14,7 %), das sind weniger als die Hälfte des Landesdurchschnitts. Szabolcs, Bekes und Bacs stellen die Komitate mit geringster Urbanität dar, wogegen in Komarom, Györ und Pest der Urbanisierungsprozeß den größten Fortschritt zeigt, wie es die Diagramme für die einzelnen Komitate anschaulich zeigen (vgl. Abb. 14).

Die Größenstruktur der Siedlungen in den einzelnen ungarischen Landschaften - d.h. die räumliche Anordnung der Bevölkerung in den verschiedenen Größenklassen der Siedlungen - wurde durch die Änderungen in der Erwerbsstruktur und der Lebensweise der Bevölkerung stark beeinflußt (vgl. Abb. 13).

---

1) Kiss, I., A magyar városok foglalkozási struktúrája (Erwerbsstruktur der ungarischen Städte, in: Magyar közigazgatás, Budapest 1942, S. 332-358.

Aufgrund der historischen Entwicklung ergeben sich ziemlich große Unterschiede in der Größenklassenverteilung zwischen dem Alföld und den anderen Großlandschaften Ungarns.[1] Im Alföld befinden sich Gemeinden mit großen Gemarkungen. Die Dörfer und Städte liegen weit voneinander entfernt und das Zwischengebiet ist von einer großen Zahl an Streusiedlungen (Tanyen) besetzt. Die "Großdörfer" (15 - 25.000 Einwohner) und die Agrarstädte (25 - 40.000 Einwohner) mit ihren Tanyas sind die charakteristischen Siedlungen des Alföld. Ihre historische Entwicklung wurzelt in den Verhältnissen der Türkenzeit (16. bis 17. Jahrhundert) und in der darauffolgenden Neubesiedlung der verwüsteten Alföldgebiete. Die starke Konzentration der Agrarbevölkerung in den Agrarstädten und Großdörfern bildet ebenso schwere Hindernisse für die Entwicklung der Urbanität wie die Streusiedlungen. Die meisten dieser Siedlungen sind typische Abwanderungsgebiete mit starker Bevölkerungsabnahme. Prägnante Beispiele sind die Komitate Bács, Békés und Hajdu, wo die Mehrzahl der Wohnbevölkerung in den Gemeinden über 2.000 Einwohner lebt, eine Urbanisierung sich jedoch nur in sehr beschränktem Rahmen entfalten konnte. Die Gemeinden mit urbanem Charakter kommen hier nur in den Größenklassen über 10.000 Einwohner vor und haben nur einen geringen Anteil an der Gesamtbevölkerung. Demgegenüber gibt es in den Komitaten Pest und Komarom urbane Gemeinden schon in den kleineren Größenklassen, und in den Größenklassen über 45.000 Einwohner spielen die urbanen Gemeinden die herrschende Rolle. Gleichzeitig entwickelt sich in diesen Komitaten eine noch stärkere Bevölkerungskonzentration in den größeren Siedlungseinheiten. Der Anteil der Kleinsiedlungen ist hier heute schon so gering wie in den alföldischen Komitaten, doch ist die Größenklassenstruktur des Siedlungsnetzes hier von

---

1) Major, J., a.a.O. sowie Fórizs, M., Orlicsek, J., Városaink funkcion ális tipusai (Funktionale Type der ungarischen Städte), in: Földrajzi Ertesitö 1963, H. 2 und Borsos, J., (Red.): Vidéki városaink (Die ungarischen Städte), Budapest 1961.

Abb. 14

VERTEILUNG DER GEMEINDETYPEN IN DEN UNGARISCHEN KOMITATEN NACH GRÖSSENKLASSEN DER WOHNBEVÖLKERUNG 1960

(jeweils in % an der gesamten Wohnbevölkerung des entsprechenden Komitates)

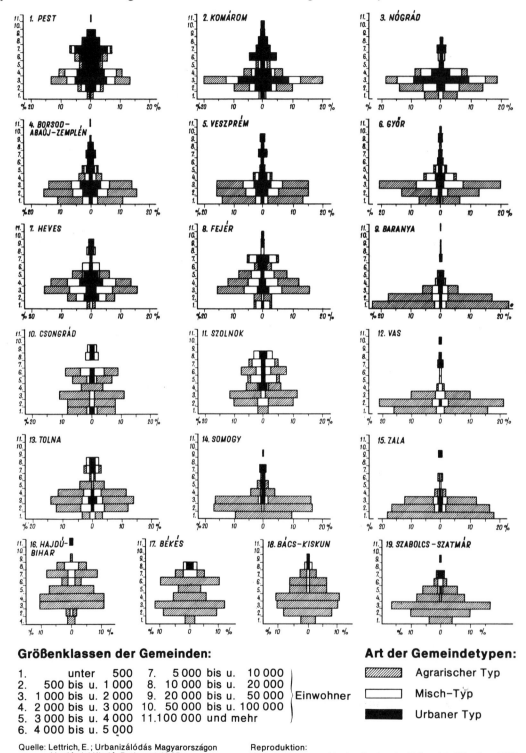

Größenklassen der Gemeinden:

1. unter 500
2. 500 bis u. 1 000
3. 1 000 bis u. 2 000
4. 2 000 bis u. 3 000
5. 3 000 bis u. 4 000
6. 4 000 bis u. 5 000
7. 5 000 bis u. 10 000
8. 10 000 bis u. 20 000
9. 20 000 bis u. 50 000
10. 50 000 bis u. 100 000
11. 100 000 und mehr

} Einwohner

Art der Gemeindetypen:

- Agrarischer Typ
- Misch-Typ
- Urbaner Typ

Quelle: Lettrich, E.; Urbanizálódás Magyarországon
Akadémiai Kiadó, Budapest 1965
Entwurf: E. Lettrich, Budapest

Reproduktion:
Wirtschaftsgeographisches Institut der Universität München 1973
Vorstand: Prof. Dr. K. Ruppert

der Industrialisierung und Urbanisierung abhängig, während
die Verhältnisse im Alföld durch eine überalterte Agrar- und
Gesellschaftsstruktur bedingt sind.

Nach dem Maße der Intensität der Urbanisierung könnte man
die folgenden Gruppen der ungarischen Komitate festlegen
(vgl. Abb. 15).

1. Komitate mit stark entwickelter Urbanisierung:
    a) 85 - 100 % der Wohnbevölkerung in "nicht-agraren" Gemeinden (gemischten und urbanen), darunter
    b) Anteil der urbanen Gemeinden über 66 %,
    c) Anteil der "nicht-agraren" Gemeinden 65 - 100 %,
       Anteil der urbanen Gemeinden über 45 %

Beispiele: Komárom und Pest = 2 Komitate

2. Komitate mit entwickelter Urbanisierung:
    A. 65 - 80 % der Wohnbevölkerung im 2. und 3. Gemeindetyp
       (gemischter bzw. urbaner), darunter
        a) Anteil des urbanen Gemeindetyps 50 - 66 %
        b) Anteil des urbanen Gemeindetyps 30 - 65 %
    B. a) 40 - 50 % der Wohnbevölkerung im 2. und 3. Gemeindetyp, darunter 5 - 15 % urbane Gemeinden
       b) wie bei A.

Beispiele für A: Nográd, Borsod, Veszprém = 3 Komitate
          B: Györ, Heves, Fejér, Baranya = 4 Komitate

3. Komitate mit mäßiger Urbanisierung:
    a) 25 - 40 % der Wohnbevölkerung im 2. und 3. Gemeindetyp, darunter 20 - 25 % urbane Gemeinden
    b) nach der Zahl der Gemeinden: 15 - 60 % ein 2. und 3.
       Typ, darunter 3 - 10 % ein 3. Typ
       Anteil der Agrarbevölkerung 30 - 50 %

Beispiele: Csongrád, Szolnok, Vas = 3 Komitate

4. Komitate mit unterentwickelter Urbanisierung:
    A. a) 25 - 40 % der Wohnbevölkerung in den Gemeindetypen
          2. und 3., darunter 20 - 25 % Anteil der urbanen
          Gemeinden
       b) nach der Zahl der Gemeinden: 10 - 15 % im 2. und
          3. Typ, darunter 3 - 10 % Anteil der urbanen
          (3. Typ) Gemeinden
    B. a) 25 - 40 % der Wohnbevölkerung in den Gemeindetypen
          2. und 3., darunter 15 - 20 % Anteil der urbanen
          Gemeinden

b) nach der Zahl der Gemeinden: 2,5 - 3 % im 2. und
3. Typ
Anteil ihrer Agrarbevölkerung: über 55 %

Beispiele für A: Somogy, Tolna, Hajdu, Zala = 4 Komitate
B: Békes, Bács, Szabolcs = 3 Komitate

3. Merkmale und Entwicklungsprobleme des gegenwärtigen Urbanisierungsprozesses in Ungarn (1960 - 1970)

In den 60er Jahren nahm der Urbanisierungsprozeß durch die Einführung des "Neuen Ökonomischen Systems der Wirtschaftslenkung" und durch das Anlaufen eines neuen Wohnungsbauprogrammes einen größeren Aufschwung. Die Regierung wünschte mit der Einführung des "Neuen Systems der Wirtschaftslenkung" die Entwicklung auf jedem Gebiet des ungarischen Wirtschaftslebens zu beschleunigen. In der Landwirtschaft wurde von 1960 bis 1963 eine neue Kollektivierung durchgeführt, als deren Resultat die landwirtschaftlichen Produktionsgenossenschaften (LPG) eine entscheidende Rolle in der ungarischen Landwirtschaft übernahmen. Gegenwärtig gehören 64 % des gesamten Grund und Bodens den landwirtschaftlichen Produktionsgenossenschaften, 11 % den landwirtschaftlichen Staatsgütern, 10 % den staatlichen Forstwirtschaften und 6 % den Privatwirtschaften, 9 % der Fläche sind landwirtschaftlich nicht genutzt. Während dieser Periode wurde die Mechanisierung der landwirtschaftlichen Produktion stark beschleunigt. Getreide- und Maisanbau wurde voll mechanisiert. In der Viehzucht begann der Aufbau der modernen "Schweinefabriken" und Geflügelfarmen im Rahmen einiger LPGs und Staatsgüter, die durch Spezialisierung in der Schweine- oder Geflügelzucht auf der Basis staatlicher Kredite einen höheren Intensitätsgrad erreichen konnten. Durch die ständige Erweiterung der Obst- und Weinbauflächen, durch neue Plantagen (Äpfel und Aprikosen) entstanden insbesondere im Zwischenstromland von Donau und Theiss neue, hoch spezialisierte Landwirtschaftsbetriebe. Die Erhöhung der Rentabilität ist das Hauptziel des neuen Wirtschaftslenkungssystems, und zwar mit Hilfe einer Verbesserung der

Abb. 15
VERÄNDERUNG DER BEVÖLKERUNGSZAHL IN DEN EINZELNEN GEMEINDETYPEN UNGARNS ZWISCHEN 1949, 1960 UND 1970

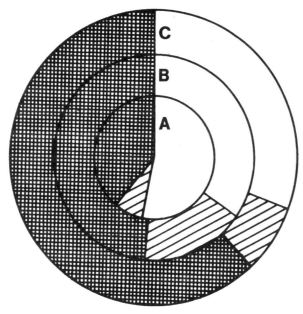

Anteil der Wohnbevölkerung nach Gemeindetypen:

◁ = Anteil

A = Situation 1949

B = Situation 1960

C = Situation 1970

Quelle: Lettrich, E.; Urbanisation trends in Hungary,
in: Hungary Geographical Studies,
Seite 221-236, Ed. Pécsi - Enyedi
Entwurf: E. Lettrich, Budapest

Art der Gemeindetypen:

Reproduktion:
Wirtschaftsgeographisches Institut der Universität München 1973
Vorstand: Prof. Dr. K. Ruppert

Betriebsstruktur, durch Umorganisation der landwirtschaftlichen Betriebe, durch Erhöhung der Marktorientierung und Entwicklung einer elastischeren Produktionsstruktur (wobei die Reduktion der Nettoproduktionskosten pro ha eine wichtige Rolle spielt). Diese Umstrukturierung der ungarischen Landwirtschaft hatte starke Auswirkungen auf die zunehmende Abnahme der Agrarbeschäftigtenzahl, die in dieser Periode von 35 % auf 26 % fiel. Die dadurch freigesetzten Arbeitskräfte konnten in der Industrie eine neue Beschäftigung bekommen (Abb. 15).

Gegenwärtig findet in der Industrie eine planmäßige Umstrukturierung im Zusammenhang mit der Veränderung der Energiewirtschaft Ungarns statt. Die unrentablen Braunkohlenzechen in Transdanubien und im Norden wurden stillgelegt und eine rasche Mechanisierung des Abbaus in anderen Kohlengebieten durchgeführt. Die Umstellung auf andere Energiequellen (Erdgas, Erdöl und Elektroenergie) wurde durch die Erschließung ergiebiger Erdöl- und Erdgaslagerstätten im Süd- und Ost-Alföld ermöglicht. Dazu kam der Bau der "Barátság"-(Freundschaft)-Rohrleitung aus der UdSSR mit beträchtlichen Erdölimporten (im Jahre 1970 z.B. 4,3 Mill. t). Aufgrund der neueren Entwicklung der Industrie verschob sich der wirtschaftliche Schwerpunkt von den Rohstoffindustrien auf die Verarbeitungsindustrie, hauptsächlich auf Maschinenbau. Die Abnahme der Erwerbstätigenzahl in der Rohstofferzeugung - vorwiegend im Braunkohlenbergbau - und die große Nachfrage nach Facharbeitern im Maschinenbau und in der chemischen Industrie beschleunigte die Umwandlung der Industriestruktur.

Tab. 13: Industriestruktur nach Beschäftigtenzahl und Produktionswert im Jahre 1970

Industriezweige		Beschäftigtenzahl in %	Produktionswert in %
I.	Bergbau	8,5	13,7
II.	Energiewirtschaft (Strom)	2,0	5,8
	Hüttenwesen	5,7	8,8
	Maschinenindustrie	31,6	28,5
	Bauindustrie	4,7	4,5
	Chemische Industrie	6,3	9,0
	Schwerindustrie insg.	50,3	56,6
III.	Textilindustrie	10,6	7,7
	Konfektion (Leder und Textil)	10,0	6,4
	Übrige Leichtindustrie	10,6	6,8
	Leichtindustrie insges.	31,2	20,9
IV.	Lebens- und Genußmittelindustrie	10,0	8,8

Quelle: Markos, G., Ungarn. Land, Volk und Wirtschaft in Stichworten, Wien 1971, S. 67.

Die Modernisierung des ungarischen Verkehrsnetzes nahm ebenfalls in dieser Periode ihren Anfang. Von der gesamten Eisenbahnstrecke mit einer Länge von 10.000 km wurden bis Ende 1969 1.100 km zweigleisig ausgebaut und 800 km elektrifiziert. Dadurch konnte die Leistungsfähigkeit der wichtigsten Güter- und Personenbahnlinien - insbesondere die großen W-O-Verbindungsstrecken Budapest-Györ-Hergyeshalom-Wien, Budapest-Miskolc-Záhony-Csap (UdSSR), Budapest-Szombathély-Graz und Budapest-Plattensee-Zagreb - wesentlich gesteigert werden. Die Menge der transportierten Waren stieg von 1950 bis 1970 auf das Fünffache (vgl. Markos, G., a.a.O.).

Die Nachteile der starken Ausrichtung des Verkehrsnetzes auf Budapest und das Fehlen von Querverbindungen wurden durch den Ausbau des Fernautobusnetzes etwas gemildert. Durch dieses gut ausgebaute Omnibusnetz werden die Städte mit ihrem Umland verbunden, wodurch sich die Einzugsbereiche der zentralen Orte wesentlich ausdehnen konnten.

Durch die gesteigerte Bautätigkeit, die Verwirklichung der neuen Wohnungsbaupläne und die Errichtung zahlreicher Werke für vorfabrizierte Bauelemente wuchs die Zahl der Neubauten in Budapest sowie in den Groß- und Mittelstädten Ungarns noch an. Diese Entwicklung förderte das Wachstum dieser Städte und die Bevölkerungskonzentration in ihrem Bereich.

Durch die rasche Abnahme der Zahl der landwirtschaftlichen Erwerbstätigen und durch weitere starke Zunahmen der in der Industrie Beschäftigten veränderte sich die Erwerbsstruktur Ungarns in dieser Periode folgendermaßen:

Tab. 14: Erwerbsstruktur Ungarns im Jahre 1970

Wirtschaftszweige	Anteil der Erwerbstätigen in %
Land- und Forstwirtschaft	25,8
Industrie, Gewerbe und Bergbau	43,9
Verkehr	7,0
Handel	7,7
Sonstige Erwerbstätige	15,6
Insgesamt	100,0

In dieser Entwicklungsphase spielte die Binnenwanderung als Nebenerscheinung der Veränderung der Erwerbsstruktur ebenso eine große Rolle wie der Pendelverkehr. Die Mehrzahl der ungarischen Städte war aufgrund der raschen Entwicklung der Wohnungsbautätigkeit imstande, die für die große Zahl der Zuzügler nötigen Wohnungen bereitzustellen.

Tab. 15: Die Veränderung der Wohnbevölkerung in den ungarischen Komitaten und den 5 Großstädten Ungarns von 1960 bis 1970

Regionale Einheiten	Die Zahl der Wohnbevölkerung im Jahre		Differenz zwischen 1960 und 1970		Wanderungsbilanz	
Komitate:	1960	1970	Einwohner	%	Einwohner	%
Baranya	288.791	279.715	- 5.076	- 1,8	- 15.769	- 5,6
Bács-Kiskun	588.084	572.988	- 13.096	- 2,2	- 28.281	- 4,8
Békés	468.466	447.196	- 21.270	- 4,5	- 30.094	- 6,4
Borsod	581.402	608.368	+ 26.966	+ 4,6	- 20.606	- 3,6
Csongrád	335.104	323.229	- 11.875	- 3,5	- 14.943	- 4,4
Fejér	358.757	388.910	+ 30.153	+ 8,4	+ 6.548	+ 1,8
Györ-Sopr.	390.887	404.698	+ 13.811	+ 3,5	- 3.911	- 1,0
Hajdu	392.953	375.371	- 17.582	- 4,5	- 46.719	- 11,9
Heves	347.856	348.395	+ 539	+ 0,2	- 8.246	- 2,3
Komárom	269.950	301.853	+ 31.903	+ 11,8	+ 14.019	+ 5,2
Nográd	235.675	241.122	+ 5.447	+ 2,3	- 6.008	- 2,6
Pest	781.505	869.864	+ 88.359	+ 11,3	+ 52.371	+ 6,7
Somogy	370.944	363.510	- 7.434	- 2,0	- 9.594	- 2,6
Szabolcs	586.449	592.186	+ 5.737	+ 1,0	- 50.480	- 8,6
Szolnok	462.150	449.827	- 12.323	- 2,7	- 29.154	- 6,3
Tolna	267.361	259.267	- 8.094	- 3,0	- 14.564	- 5,4
Vas	282.771	280.842	- 1.929	- 0,7	- 9.557	- 3,4
Veszprém	392.201	408.989	+ 16.788	+ 4,3	- 4.188	- 1,0
Zala	273.711	267.184	- 6.527	- 2,4	- 14.011	- 5,1
Städte:						
Budapest	1.804.606	1.940.212	+ 135.606	+ 7,5	+ 153.271	+ 8,5
Debrecen	129.834	155.122	+ 25.288	+ 19,5	+ 18.766	+ 14,5
Miskolc	143.903	172.952	+ 29.049	+ 20,2	+ 18.989	+ 13,2
Pécs	114.742	145.307	+ 30.565	+ 26,6	+ 25.958	+ 22,6
Szeged	98.942	118.490	+ 19.548	+ 19,8	+ 19.047	+ 19,3

Abb. 16
VERÄNDERUNG DER WOHNBEVÖLKERUNG IN DEN UNGARISCHEN KOMITATEN ZWISCHEN 1960 UND 1970

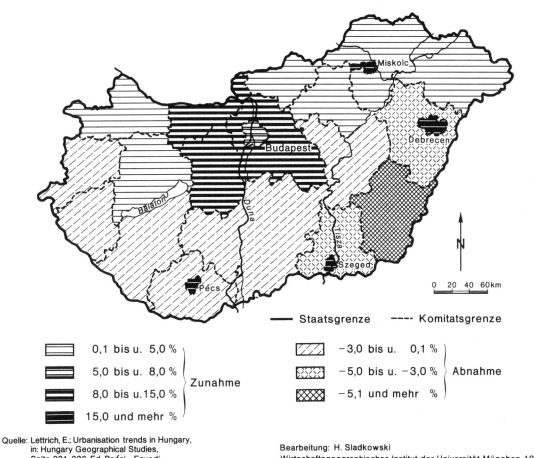

Quelle: Lettrich, E.; Urbanisation trends in Hungary,
in: Hungary Geographical Studies,
Seite 221-236, Ed. Pećsi - Enyedi
Entwurf: E. Lettrich, Budapest

Bearbeitung: H. Sladkowski
Wirtschaftsgeographisches Institut der Universität München 1973
Vorstand: Prof. Dr. K. Ruppert

Mehr als die Hälfte der ungarischen Komitate hatte in dieser Periode einen Bevölkerungsverlust infolge eines niedrigen Geburtenüberschusses und einer gleichzeitig sehr hohen negativen Wanderungsbilanz der ländlichen Gemeinden. Der Geburtenüberschuß fiel zwischen 1960 und 1970 von 6,7 % auf 3,5 % ab (in dieser Zeit wurden Abtreibung und Antikonzeptionsmittel in Ungarn gesetzlich erlaubt).

In der räumlichen Verteilung der Bevölkerung traten noch schärfere Unterschiede auf, wie sie schon früher zwischen den einzelnen Landesteilen bestanden hatten (vgl. Abb. 16 - Veränderung der Wohnbevölkerung 1960 bis 1970). Zwischen dem

Bevölkerungswachstum der nördlichen Hälfte Ungarns (die Budapester Agglomeration und die meisten Industriegebiete liegen hier) und der raschen Abnahme der Bevölkerung in den Gebieten im SW, S und SO des Landes - vorwiegend industriearme Agrarlandschaften - ergab sich ein immer stärkerer Gegensatz in bezug auf Industrialisierung und Urbanisierung.

Nur die nördlichen Gebiete des Landes konnten in den letzten Jahrzehnten auf der Basis ihrer positiven Wanderungsbilanz eine Bevölkerungszunahme erreichen. Drei Komitate dieses Gebietes - Pest, Komarom und Fejer - zeigten herausragende Bevölkerungszunahmen (zwischen 8,5 - 11,5 %). Die anderen Komitate der nördlichen Hälfte Ungarns hatten ein geringeres Bevölkerungswachstum (zwischen 1 - 5 %). Ein Komitat - Szabolcs, im NO - konnte noch ein mäßiges Wachstum erreichen, aufgrund seines hohen Geburtenüberschusses bei gleichzeitig negativer Wanderungsbilanz (-8,6 %). Dieser Abwanderungsgrad wurde nur von Komitat Hajdu übertroffen (-11,9 %). Die gesamte südliche Hälfte Ungarns (9 Komitate: Vas, Zala, Somogy, Baranya, Bacs, Csongrad, Bekes, Hajdu, Szolnok) wurde infolge der starken Bevölkerungsabwanderung vorwiegend der jüngeren Generation und wegen des geringen Geburtenüberschusses zu einem Gebiet mit mehr oder weniger starkem Bevölkerungsverlust.

Alle Mittel- und Großstädte Ungarns hatten jedoch in dieser Periode ein beträchtliches Bevölkerungswachstum durch die wachsende Zuwanderung (z.B. Pécs 26,6 %, Miskolc 20,2 %, Szeged 19,8 %, Debrécen 19,5 %, Györ 18,9 % usw.). Die urbanen Gemeinden der Budapester Agglomeration hatten ein ähnlich hohes Wachstum, hauptsächlich in den Arbeiterwohngemeinden des "inneren Pendlereinzugsbereichs" der Hauptstadt (vgl. Abb. 17 - Wanderungsbilanz der Komitate 1960 bis 1970).

Die große Binnenwanderung ist verbunden mit der starken räumlichen Konzentration der ungarischen Industrie und der geringen Entwicklung des Fremdenverkehrs. Um die räumliche Ungleichheit im Laufe der wirtschaftlichen Entwicklung zu mindern, begann man in den letzten drei Jahren mit der Durchfüh-

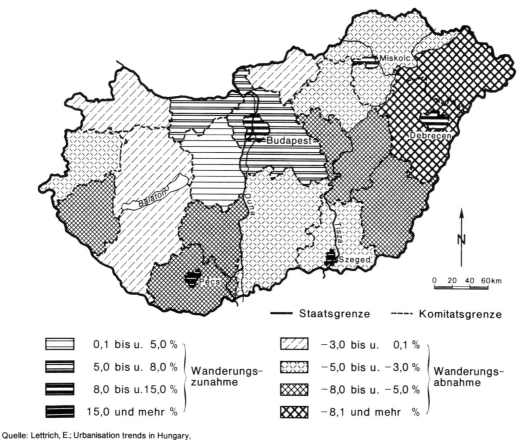

Abb. 17
WANDERUNGSBILANZ DER UNGARISCHEN KOMITATE ZWISCHEN 1960 UND 1970

Quelle: Lettrich, E.; Urbanisation trends in Hungary,
in: Hungary Geographical Studies,
Seite 221-236, Ed. Pećsi - Enyedi
Entwurf: E. Lettrich, Budapest

Bearbeitung: H. Sladkowski
Wirtschaftsgeographisches Institut der Universität München 1973
Vorstand: Prof. Dr. K. Ruppert

rung eines Industrialisierungsplanes für die zurückgebliebenen Alföldgebiete und mit einer Dezentralisierung der Budapester Industrie. Zu diesem Zweck wurden in den Mittelstädten und in einigen Kleinstädten des Alfölds neue Industriebetriebe als Filialen der hauptstädtischen Betriebe gegründet. Doch konnte dieser Industrialisierungsprozeß infolge des starken Rückstandes der Infrastruktur der Alföldstädte bis jetzt nur eine geringe Entwicklung erreichen. Trotz der beschleunigten staatlichen Förderung und hoher finanzieller Unterstützung zur Verbesserung der Infrastruktur konnten die meisten Alföldstädte diesen Rückstand noch nicht aufholen. Sie sind noch nicht fähig, mit den älteren Industriegebieten Ungarns zu konkurrieren und konnten deshalb bis Ende der 60er Jahre die Richtung der Binnenwanderung nur wenig beeinflussen.

In den ausgedehnten Streusiedlungsgebieten im Alföld (Tanyagebiete) fand bis heute keine wesentliche Förderung der stark vernachlässigten und zurückgebliebenen Infrastruktur statt. Deshalb konnten nur einige kleine Gebiete dieser Landschaft ihre Wohnbevölkerung halten. Allein im Bereich des intensiven Obst- und Weinbaus des Zwischenstromlandes von Donau und Theiss (Komitat Bács), wo das Einkommen der Agrarhaushalte gerade in dieser Periode rasch wuchs und das durchschnittliche Haushaltseinkommen der Industriebeschäftigten sogar überholte, kommt es zu einer Stagnation der Bevölkerungszahl. Nur die jüngere Generation (unter 25 Jahre) wanderte auch hier ab, doch die mittlere und ältere Generation blieb im Obst- und Weinbau beschäftigt. Aber diese Situation brachte keinen Fortschritt in der Urbanisierung der Gemeinden mit Tanyabewohnern. Die sonstigen Tanyagemeinden im Alföld, hauptsächlich in den Komitaten Békés, Szolnok und Hajdu konnten sowohl beim Einkommen als auch in den Lebensverhältnissen der Agrarbevölkerung keinen wesentlichen Fortschritt erreichen, so daß sich die Bevölkerungsabwanderung verstärkte. Sie hatten in dieser Periode einen Bevölkerungsverlust von etwa 50.000 Personen (die ungarischen Tanyen haben z.B. noch mehr als 500.000 Einwohner, vgl. Abb. 18).

In den ländlichen Gemeinden von Transdanubien, im Norden Ungarns, verminderte sich die Bevölkerungszahl auch infolge der raschen Überalterung und des damit verbundenen Sterbefallüberschusses (vgl. Abb. 18 - Anteil der Wohnbevölkerung der Agrargemeinden im Jahre 1970).

Die räumliche Anordnung der Gemeinden mit agrarischem, gemischtem und urbanem Charakter zeigt Ende der 60er Jahre folgende Züge:

1. Die Bevölkerungsaufnahme durch die Mittel- und Großstädte erhöhte sich aufgrund der Entwicklung der Wohnbautätigkeit

Abb. 18
ANTEIL DER WOHNBEVÖLKERUNG IN STREUSIEDLUNGEN 1970

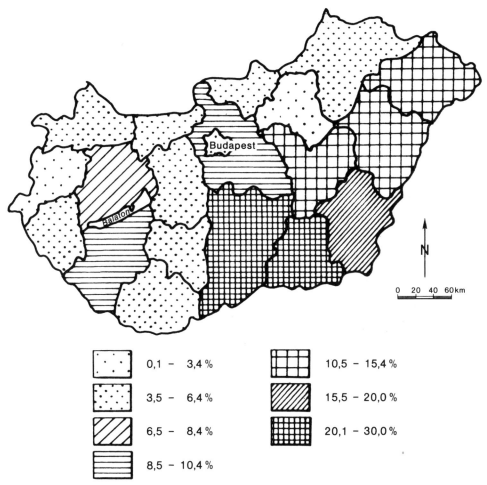

Quelle: Lettrich, E.; Urbanisation trends in Hungary,
in: Hungary Geographical Studies,
Seite 221-236, Ed. Pećsi - Enyedi
Entwurf: E. Lettrich, Budapest

Reproduktion:
Wirtschaftsgeographisches Institut der Universität München 1973
Vorstand: Prof. Dr. K. Ruppert

in den Städten wesentlich (vgl. Tab. 17 - Bevölkerungskonzentration in Ungarn von 1960 bis 1970). Entsprechend erhöhte sich die Mobilität der Bevölkerung in den Arbeiterwohngemeinden. Ihre Lebensverhältnisse konnten sich wesentlich verbessern. Die Wohnbevölkerung der am besten entwickelten Städte erhöhte sich so um etwa 350.000 Personen.

2. Die urbanen Gemeinden mit der Einwohnerzahl unter 1.000 konnten bei der Entwicklung ihrer Infrastruktur nur geringere Fortschritte machen als die urbanen Gemeinden über

Abb. 19
ANTEIL DER BEVÖLKERUNG IN DEN GEMEINDEN DES AGRARISCHEN TYPS AN DER GESAMTEN WOHNBEVÖLKERUNG DER UNGARISCHEN KOMITATE 1970

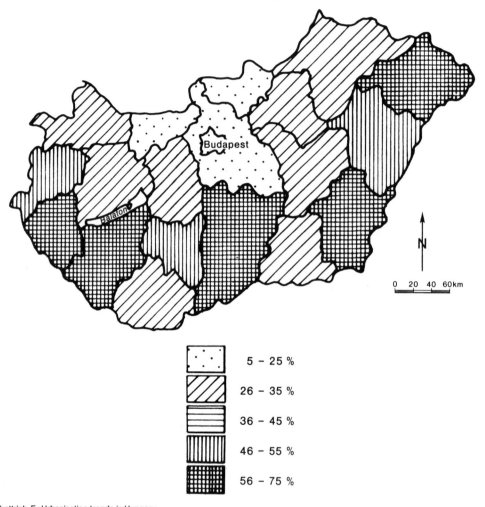

Quelle: Lettrich, E.; Urbanisation trends in Hungary,
in: Hungary Geographical Studies,
Seite 221-236, Ed. Pécsi - Enyedi
Entwurf: E. Lettrich, Budapest

Reproduktion:
Wirtschaftsgeographisches Institut der Universität München 1973
Vorstand: Prof. Dr. K. Ruppert

5.000 Einwohner, die eine höhere staatliche finanzielle Förderung genossen. Die Bevölkerungskonzentration in den urbanen Gemeinden über 5.000 Einwohner wurde dadurch wesentlich beschleunigt. Da die Mehrheit dieser Gemeinden in Transdanubien und im Norden liegen, wurde die Ungleichheit ihrer räumlichen Anordnung noch etwas größer (vgl. Abb. 20 - Verteilung der Gemeindetypen in den Komitaten Ungarns nach der Zahl der Wohnbevölkerung im Jahre 1970).

Tab. 16: Änderung der Wohnbevölkerungszahl der agrarischen Gemeinden (über 55 % Agrarquote) in Transdanubien, im Norden und im Alföld von 1960 bis 1970

Gebiete	Wohnbevölkerung der Agrargemeinden					
	1960		1970		Abnahme	
	Zahl	%	Zahl	%	Zahl	Index: (1960 = 100)
Transdanubien	1.258.345	41,5	1.181.960	38,1	76.385	89
Norden	389.767	29,7	378.146	27,6	11.621	91
Alföld	1.863.982	48,5	1.717.292	44,5	146.690	94
Ungarn insgesamt	3.512.094	35,2	3.277.398	31,8	234.696	92

Im Zusammenhang mit diesem Bevölkerungskonzentrationsprozeß und mit der gleichzeitig starken Abnahme der Bevölkerung in den Riesendörfern des Alfölds ergab sich für das Alföld eine Verkleinerung und für Transdanubien eine Vergrößerung der Größenklassen.

Das rasche Wachstum der Hauptstadt versuchte man durch einen Dezentralisationsplan zu vermindern, doch mit wenig Erfolg. Trotz der verschiedenen Maßnahmen, die die ständig wachsende Zuwanderung erschweren und verlangsamen sollen, erhöhte sich die Bevölkerungszahl der Hauptstadt nur mit etwas geringerer Geschwindigkeit als im vorigen Jahrzehnt. Infolge dieser Regulierungsversuche stieg die Bevölkerungszahl besonders im Außenbereich der Hauptstadt, hauptsächlich in der inneren Zone der Arbeiterwohngemeinden der Budapester Agglomeration im Komitat Pest sehr rasch an (vgl. Tab. 15). Den Bedeutungswandel innerhalb der Gemeindegrößenklassen und damit den Hinweis auf die Konzentration der Bevölkerung in Städten zwischen 20.000 - 50.000 Einwohnern bzw. in Städten über 100.000 Einwohner belegt überaus deutlich Abb. 21, durch den Vergleich der Situation im Jahre 1787 und 1970.

Tabelle 17 Bevölkerungskonzentration in Ungarn von 1960 bis 1970

Größenklassen der Gemeinden	Gemeindezahl 1970		Einwohnerzahl in 1.000		Veränderung der Wohnbevölkerung 1960 – 1970		Anteil der Gemeindegrößenklassen nach ihrer Wohnbevölkerung in %	
	abs.	%	1960	1970	in 1.000	%	1960	1970
bis 499 Einwohner	665	20,6	243	213	− 30	− 12,3	2,4	2,1
500 – 999 "	818	25,4	652	599	− 53	− 8,1	6,5	5,8
1.000 – 1.499 "	503	15,6	661	619	− 42	− 6,4	6,6	6,0
1.500 – 1.999 "	328	10,2	598	571	− 27	− 4,5	6,0	5,5
2.000 – 2.999 "	343	10,7	871	842	− 29	− 3,4	8,8	8,2
3.000 – 4.999 "	282	8,8	1.092	1.070	− 22	− 2,0	11,0	10,4
5.000 – 9.999 "	156	4,8	1.041	1.070	+ 29	+ 2,8	10,5	10,4
10.000 – 19.999 "	75	2,3	919	981	+ 62	+ 6,8	9,2	9,5
20.000 – 99.999 "	49	1,5	1.592	1.819	+ 227	+ 14,2	16,0	17,6
100.000 und mehr "	4	0,1	487	592	+ 105	+ 21,4	4,9	5,7
Budapest	1	0,0	1.805	1.940	+ 135	+ 7,5	18,1	18,8
Ungarn insgesamt	3.224	100,0	9.961	10.316	+ 355	+ 3,5	100,0	100,0

Abb. 20

VERTEILUNG DER GEMEINDETYPEN IN DEN UNGARISCHEN KOMITATEN NACH DEM ANTEIL AN DEN GEMEINDEN 1970

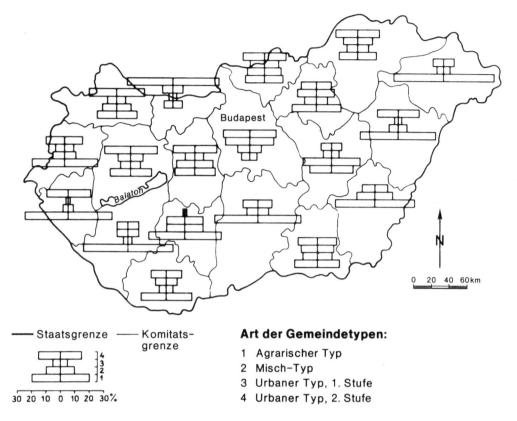

—— Staatsgrenze —— Komitatsgrenze

Art der Gemeindetypen:
1 Agrarischer Typ
2 Misch-Typ
3 Urbaner Typ, 1. Stufe
4 Urbaner Typ, 2. Stufe

Quelle: Lettrich, E.; Urbanizálódás Magyarországon
Akadémiai Kiadó, Budapest 1965
Entwurf: E. Lettrich, Budapest

Reproduktion:
Wirtschaftsgeographisches Institut der Universität München 1973
Vorstand: Prof. Dr. K. Ruppert

3. Im ländlichen Bereich Ungarns fand eine Urbanisierung nur im Zusammenhang mit der Industrialisierung und der Wohnbautätigkeit der Mittel- und Großstädte statt. Die räumliche Anordnung dieser Gemeinden zeigt zur Zeit ein Bild weit voneinander entfernt liegender Urbanitätszentren, von denen aus der Urbanisierungsprozeß sich wohl in der nächsten Entwicklungsperiode weiter ausbreiten dürfte. Zur Förderung dieser Entwicklung ist die wichtigste Bedingung eine konsequente, erfolgreiche Durchführung der Industrialisierung und des Ausbaues der Infrastruktur dieser urbanen Zentren. Die Verwirklichung dieser Pläne hängt dabei stark von den finanziellen Unterstützungen ab.

4. Entwicklungstrend des Urbanisierungsprozesses bis 1980

Die Entwicklung des Urbanisierungsprozesses bis 1980 wird sich fortsetzen, doch nicht ohne Schwierigkeiten. Das Bevölkerungswachstum in Ungarn wird sich in der näheren Zukunft wohl nicht rasch erhöhen, darum müssen wir mit einer verstärkten Überalterung der Gesellschaft in der nächsten Periode - vom Jahre 1970 an bis 1980 - rechnen. Die Erwerbstätigenzahl wird also nur langsam steigen, dagegen der Anteil der Pensionisten erheblich wachsen. Trotz dieser nicht besonder günstigen Trends der Bevölkerungsveränderung kann man nach der Meinung der Planungsfachleute eine weitere starke Umwandlung der Erwerbsstruktur Ungarns erwarten. In der Landwirtschaft werden im Jahre 1980 nur noch 15 % der gesamten Erwerbstätigen arbeiten, obwohl die Produktion steigen wird. In der Industrie können wir nur noch mit einem geringeren Anwachsen des prozentualen Anteils der Erwerbstätigen rechnen, weil die Umstrukturierung der Energiewirtschaft und die Umwandlung der ungarischen Industriestruktur zu einem geringeren Einsatz von Arbeitskräften führt. Die Entwicklung ist hier auf Intensivierung gerichtet, d.h. mit weniger Arbeitskraft wird eine höhere Produktionsmenge hergestellt. Im Dienstleistungssektor werden in der näheren Zukunft Zahl und Anteil der Erwerbstätigen rascher steigen, weil die Förderung der urbanen Gemeinden stark mit der Entwicklung der Dienstleistungen verbunden ist. Im Fremdenverkehr wird sich ein allmählicher Fortschritt ergeben, weil die Mehrzahl der ungarischen Fremdenverkehrsorte nur einen einsaisonalen Charakter besitzt (z.B. Sommertourismus am Plattensee), der noch für längere Zeit typisch sein wird.

Mit der Entwicklung der Wohnungsbautätigkeit wird in der näheren Zukunft die Bevölkerungskonzentration in den urbanen Gemeinden mit noch höherer Geschwindigkeit wachsen. In diesem Prozeß werden die Mittel- und Großstädte die führende Rolle spielen, doch könnten auch die urbanen Gemeinden über 5.000 Einwohner mit Hilfe staatlicher Investitionen wachsen. Dies

Abb. 21

DIFFERENZIERUNG DER UNGARISCHEN GEMEINDEN NACH GRÖSSENKLASSEN 1787 UND 1970

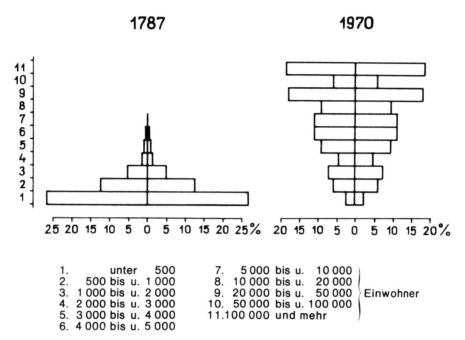

1. unter 500	7. 5 000 bis u. 10 000
2. 500 bis u. 1 000	8. 10 000 bis u. 20 000
3. 1 000 bis u. 2 000	9. 20 000 bis u. 50 000 } Einwohner
4. 2 000 bis u. 3 000	10. 50 000 bis u. 100 000
5. 3 000 bis u. 4 000	11. 100 000 und mehr
6. 4 000 bis u. 5 000	

Quelle: Lettrich, E.; Urbanisation trends in Hungary,
in: Hungary Geographical Studies,
Seite 221-236, Ed. Pećsi - Enyedi
Entwurf: E. Lettrich, Budapest

Reproduktion:
Wirtschaftsgeographisches Institut der Universität München 1973
Vorstand: Prof. Dr. K. Ruppert

bedeutet, daß im Jahre 1980 etwa 67 % der gesamten Bevölkerung Ungarns in urbanen Gemeinden leben wird. Diese Entwicklung wird einen bedeutenden Fortschritt in der Lebensweise der Mehrzahl der Wohnbevölkerung mit sich bringen, und man kann mit einer Verminderung des gegenwärtig großen Unterschieds in der Infrastruktur zwischen den urbanen und ländlichen Gemeinden rechnen, obwohl eine vollkommene Gleichheit nur stufenweise im Verlauf einer längeren Entwicklung vorstellbar ist. Erst dann werden sich die starken räumlichen Unterschiede in der Wirtschafts- und Siedlungsstruktur zwischen dem Alföld und den anderen ungarischen Landesteilen wesentlich verringern.

SOZIALGEOGRAPHISCHER WANDEL IN DER GEMEINDE TIHANY[+)]

In der gegenwärtigen Phase des Urbanisierungsprozesses in Ungarn ist die Urbanisierung noch einseitig industrieorientiert, d.h. sie ist fast ausschließlich an Industriegebiete gebunden. Zur Zeit finden sich nur wenige Gebiete, die auf der Basis des Dienstleistungssektors Urbanisierungstendenzen zeigen. Zu diesen letztgenannten Gebieten gehört die Umgebung des Plattensees, auf dessen nördlicher Seite, insbesondere in der Gemeinde Tihany ein rascher Urbanisierungsprozeß stattfindet. Die vorliegende Arbeit beabsichtigt einerseits den sozialgeographischen Wandel des alten Dorfgebietes von Tihany kurz zu erklären, andererseits die Vorteile einer Anwendung sozialgeographischer Methoden in der ungarischen Geographie aufzuzeigen. Mit Hilfe dieser neuen Forschungsrichtung kann die Geographie zahlreiche, wesentlich neue Informationen für die Planung bieten.

Die Halbinsel von Tihany ist, wie Archäologen und Historiker nachweisen, seit langer Zeit besiedelt. An vielen Stellen wurden Festungs- und Siedlungsruinen aus der keltischen, römischen und frühárpáden Zeit gefunden. Seit Anfang des 11. Jahrhunderts existiert hier eine ununterbrochene Siedlungskontinuität. Im Jahre 1055 wurde das Benediktinerkloster auf dem Tihanyer Hügelrücken errichtet. Im Laufe der Erweiterung und Befestigung entstand so die Tihanyer Festung, die während der Türkenzeit und dann in den Rákóczi-Freiheitskämpfen eine bedeutungsvolle Rolle spielte. Sie wurde - wie die meisten ungarischen Befestigungen und Burgen - Anfang des 18. Jahrhunderts auf Befehl der Habsburger geschliffen. Auf ihren

---

[+)] Dieser Beitrag wurde in ungarischer Sprache publiziert, in: "Erklärungen zur Geologischen Karte von Tihany", Magyar Allami Földtani Intézet, Budapest 1970, S. 96-102.

Ruinenresten wurden dann in der zweiten Hälfte des 18. Jahrhunderts die gegenwärtige neue Kirche im Barock-Stil und die mächtigen Gebäude der Tihanyer Abtei errichtet.

Am Fuße der Abtei - auf den Hängen des Hügels, der nach dem Binnensee sanft abfällt, lag das mittelalterliche Dorf. Seine Bevölkerung lebte als Leibeigene (Inquilinus) und ohne Vollberechtigung der Leibeigenen (Subinquilinus) bis zur Zeit der Aufhebung der ungarischen Leibeigenschaft im Jahre 1848, dann wurde die Mehrheit der Kleinbauern und eine Minderheit zu Knechten und Agrarlohnarbeitern der Tihanyer Abtei. Sie übten also fast ausschließlich landwirtschaftliche Tätigkeiten aus: Ackerbau, Weinbau, Viehzucht, insbesondere Schafzucht. Die Fischerei und der Fährbetrieb - zwischen der Südspitze der Halbinsel und dem gegenüberliegenden Ufer - sicherten ihnen einige zeitweilige Nebenerwerbsmöglichkeiten. Nach der Jahrhundertwende und vor allem seit den 20er Jahren begann dann der Tourismus am Balaton. Damit setzte die allmähliche Entfaltung des ältesten Tihanyer Erholungsgebietes ein, das sich an den Hängen des Tihanyer Hügels, zum Plattensee hin erstreckt. Bis vor zehn Jahren entwickelte es sich getrennt vom alten Dorf, bis die rasche räumliche Ausdehnung des alten Dorfes die beiden Funktionen zusammenwachsen ließ und ein weiterer Ausbau nun gemeinsam geschah.

Abb. 1 stellt die Flächennutzung der Gemeinde Tihany - also der Gesamtfläche der Tihanyer Halbinsel - dar, wobei die schraffierten Flächen das Dorfgebiet und die punktierten Flächen die Erholungsgebiete markieren. Die Erörterungen dieser Arbeit beschränken sich auf das ständig bewohnte Gebiet, d.h. auf das ehemalige Dorfgebiet, dessen derzeit stark ausgedehnte Fläche in den statistischen Veröffentlichungen als "Innengebiet" erwähnt ist, gegenüber den nur zeitweise bewohnten Erholungsgebieten, den sogenannten "Außengebieten".

Die Gemeinde Tihany hatte eine Fläche von 4.729 Katastraljochen (1 ha = 0,56 Katastraljoch, kj), wobei 72 % der Gemein-

Abb. 1
LANDNUTZUNG AUF DER HALBINSEL TIHANY 1968

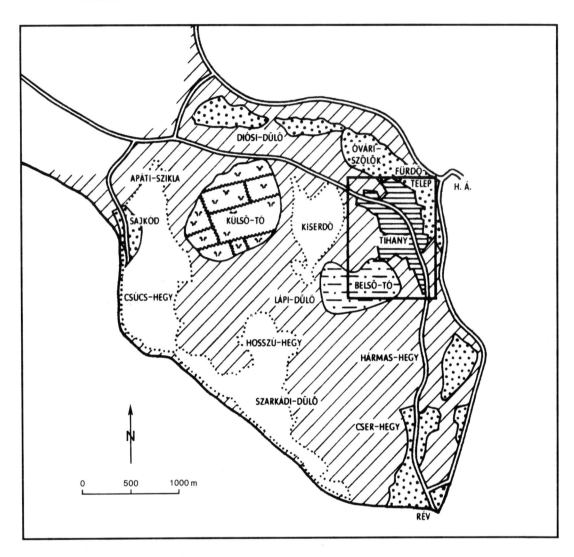

Bebaute Flächen
Erholungsflächen
Waldflächen
Sumpfige Flächen
Landwirtschaftlich genutzte Flächen
Ausschnitt der Sozialkartierung

Quelle: Lettrich, E.; Tihany szociálgeográfiai képe; in: Tihany.
Magyarázó a Balaton környéke építésföldtani térképsorozatához.
Magyar A'llami Földtani Intézet, Budapest 1970.
Entwurf: E. Lettrich, Budapest
Reproduktion:
Wirtschaftsgeographisches Institut der Universität München 1973
Vorstand: Prof. Dr. K. Ruppert

Tab. 1: Die Veränderung der Wohnbevölkerung der
Gemeinde Tihany von 1869 bis 1967

Jahr	Bevölkerungszahl
1869	734
1880	842
1890	893
1900	890
1910	806
1920	848
1930	890
1941	1036
1949	1172
1960	1310 +
1962	1546
1964	1748
1965	1835
1966	1919
1967	2037

+ davon entfielen 1242 Personen auf das Innengebiet

Die Veränderung der Bevölkerungszahl von 1869 bis 1890 zeigt nur ein bescheidenes Wachstum, danach folgte ein Rückgang, worauf eine Stagnation bis Mitte der 20er Jahre eintrat. Die damaligen Besitzverhältnisse verursachten eine kontinuierliche Agrarüberbevölkerung (Überschuß an Agrarerwerbstätigen).

defläche (oder 3,405 kj) im Besitz der Tihanyer Abtei waren. 11 % oder 492 kj dienten als Gemeindewiese und -weide und nur die übrigen 17 % Anteil (829 kj) waren im Privateigentum der Tihanyer Bauern. Da die Tihanyer Abtei ihre Felder durch ihre Knechte und Lohnarbeiter bewirtschaften ließ, blieben als Pachtflächen nur geringwertige Gebiete übrig, weshalb die Pacht eine bedeutungslose Rolle spielte. Es gab damals eine große Nachfrage nach landwirtschaftlich bebaubaren Feldern von seiten der Tihanyer Bevölkerung - einmal von den Kleinbauern, aber auch von den Besitzlosen. Sie konnten jedoch keine Ackerflächen von der Abtei kaufen oder pachten. Die Zahl der Besitzlosen wuchs entsprechend und die landwirtschaftliche Besitzgröße verminderte sich rasch aufgrund der Realteilung.

In den 20er Jahren begann mit dem Bau der Villen des Hochadels - der damals dieses Gebiet als Erholungsraum bevorzugte - die Entwicklung des ältesten Tihanyer Erholungsgebietes. Neben dieser Gesellschaftsschicht hatten dort auch wohlhabende Bürger - eine damals zahlenmäßig gering ausgeprägte Gesellschaftsschicht in Ungarn - Zweithäuser mit gepflegten Gärten und Parks. Ende der 20er Jahre wurde dann dieses Erholungsgebiet von der Abtei den neuen Besitzern zu ziemlich hohen Preisen verkauft. Zusammenhängend mit der allmählichen Entwicklung dieses Erholungsgebietes konnte eine langsam breiter werdende Schicht der Tihanyer Bevölkerung eine vorwiegend saisonale, nichtagrare Erwerbstätigkeit gewinnen. Die sozialgeographischen Verhältnisse der Gemeinde Tihany im Jahre 1924 zeigen eine Agrargesellschaft am Beginn der Auflösung des Agrarcharakters (im Jahre 1924 wurde eine Katastervermessung durchgeführt, deren archivalische Materialien zu den Forschungsunterlagen zählten). Dieser Charakter war damals nicht typisch, zeigten doch die meisten ungarischen Dörfer noch eine stark einseitige Agrarprägung.

Das Bild des Dorfes Tihany spiegelte jedoch im Jahre 1924 seine gesamtgesellschaftlichen Eigenartigkeiten noch keineswegs wider. Tihany zeigte ein ähnliches äußeres Bild wie die meisten anderen Dörfer in Nord-Transdanubien. Die Bevölkerung von Tihany bewohnte die 163 Häuser des Dorfes und noch weitere 13 Häuser, verstreut in den nahegelegenen Weingärten. Jedes dieser Häuser war ganzjährig bewohnt, daneben bestanden noch Weinkeller in den Weingärten. 98 % der Häuser waren aus Tuffstein erbaut. Dieses gute Baumaterial hat auf der Tihanyer Halbinsel reiche Vorkommen. Nur 2 % der Häuser waren Lehmhäuser. Die weit ausgedehnten Schilfgebiete der Halbinsel dienten dabei zum billigen Baumaterial für die Dächer. So waren 78 % der Häuser mit Schilfdach bedeckt, 10 % mit Ziegeldach und 12 % mit Schindeldach.

Nach dem Grundriß war Tihany ursprünglich ein Haufendorf,

damals eine der am häufigsten vorkommenden Siedlungstypen in Ungarn. Während des letzten Jahrhunderts wurde eine Straßenregulierung durchgeführt, durch die sich die ehemals starke Mischung in der räumlichen Anordnung der Häuser verminderte. Das Straßennetz des Dorfes bestand im Jahre 1924 aus drei Parallelstraßen, die - als sogenannte Hauptstraßen - parallel zu den Hängen verliefen. Die Nebenstraßen erstreckten sich demgegenüber den Berg hinauf, sie waren vorwiegend überaus schmale, steile Gassen, die oft treppenartig ausgebildet waren und oft von herabströmenden Gewitterschauern zerstört wurden. Nur in dem zuletzt besiedelten Gebiet kamen Straßendorfstrukturen vor, die sonstigen Häuser zeigten eine unregelmäßige räumliche Anordnung auf den einzelnen Grundstücken, ein Zeugnis für die ehemalige Haufendorfstruktur. Erst durch die Straßenregulierung wurde diese Struktur umfunktioniert und die Häuser voneinander getrennt.

Die durchschnittliche Größe der einzelnen Grundstücke in Tihany lag nur zwischen 58 - 80 Quadratelle (Q).[1] Innerhalb dieser Gruppe kamen als extreme Beispiele Grundstücke mit einer Größe von 20 - 35 und 170 - 240 Q vor. Die letztgenannten wurden von einer kleinen wohlhabenden Schicht der Bauern (mit einem Besitz über 10 Katastraljoch = über 56 ha) bewohnt. Auf diesen Grundstücken konnten die Bauern einen breiteren Wirtschaftshof einrichten. Die Mehrheit der Tihanyer Bauern hatte jedoch einen kleinen Hof oder besaß nur einen halben Hof. Wegen der Realteilung und des Mangels an Grundstücken zerkleinerten sich auch die ehemals größeren Höfe ziemlich rasch. Als Endphase dieses Prozesses bildeten sich Grundstücke, an denen zwei oder drei Haushalte beteiligt waren (13 % der Grundstücke gehörten diesen Landwirten hoher Armut).

Tabelle 2 zeigt die Besitzverhältnisse der Haushalte im Jahre 1924 in Tihany:

---

1) 1 Katastraljoch = 1678 Quadratelle = 0,56 ha
   1 ha = 1,76 Katastraljoch (kj)

Tab. 2:

Haushaltsgruppe	Zahl der Haushalte absolut	und in %
1. Besitzlose	11	7 ⎫ 19
2. Haushalte mit weniger als 1 Kat.-Joch Besitz	26	12 ⎭
3. Haushalte mit 1 - 5 Kat.-Joch (0,56 - 2,88 ha) Besitz	73	44
4. Haushalte mit 5 - 10 Kat.-Joch (2,88 - 5,76 ha) Besitz	43	30 ⎫ 37
5. Haushalte über 10 - 25 kat.-Joch (mehr als 5,76 ha) Besitz	12	7 ⎭
insgesamt	165	100
davon Haushalte mit 1/2 oder noch geringeren Grundstücksanteilen	22	13

Die Besitzverhältnisse belegen die schwierigen Lebensverhältnisse der Tihanyer Bevölkerung im Jahre 1924. 19 % der gesamten Haushalte waren Besitzlose oder Haushalte mit weniger als 1 Kat.-Joch (0,56 ha) Besitz. Sie bildeten ein breites Arbeitskraftreservoir für den Großbesitz der Abtei. Fast die Hälfte der Tihanyer Haushalte (44 %) besaß nur 1 - 5 Kat.-Joch (0,56 - 2,88 ha). Sie mußten ebenso Nebenerwerbstätigkeiten suchen, um die Ernährung ihrer Familien zu sichern. Nur 1/3 Teil der Haushalte (37 %) konnte als Kleinbauer existieren. Die Volkszählung des Jahres 1930 erwähnt 114 Erwerbspersonen, die damals "nicht-agrare" Nebenerwerbstätigkeiten inne hatten. Der Ausbau des alten Erholungsgebietes von Tihany bzw. in der Nachbargemeinde Balatonfüred boten ihnen saisonale nicht-agrare Erwerbsmöglichkeiten.

Der Mangel einer Flurbereinigung einerseits und die großen Zersplitterung der Ackerfluren andererseits behinderten die landwirtschaftliche Tätigkeit in Tihany. Für die starke Aufteilung der Äcker sei hier das folgende Beispiel - damals häufig erwähnt - angeführt: ein bäuerlicher Besitz mit der

Größe von 8 Kat.-Joch (7 ha) wurde in 24 Parzellen zersplittert, die weit voneinander in den verschiedenen Fluren des Dorfes lagen. In der Gruppe der Zwergbauern kamen fast ähnliche Zersplitterungen vor.

Die Abtei war der einzige Großgrundbesitzer in Tihany (mit einer Besitzgröße von 3405 kj (ca. 1700 ha). Am Ufer des Tihanyer Binnensees wurde der Gutshof errichtet, in dem die Mehrheit der Knechte und ständig beschäftigten Lohnarbeiter mit ihren Familien wohnten. Ihre Zahl lag bei der Volkszählung im Jahre 1920 bei 70 Erwerbstätigen und 62 Familienangehörigen. In der Mitte des Dorfes standen noch 5 Häuser, die im Besitz der Abtei waren, diese wurden auch von Angestellten und Lohnarbeitern bewohnt (38 Erwerbstätigen und 60 Familienmitgliedern). Außerhalb dieser Personengruppe wohnten in Tihany noch weitere saisonale Beschäftigte, die vorwiegend für die Abtei tätig waren. Von ihnen besaßen nur 17 Personen ein eigenes Haus, die anderen 38 Männer mit ihren Familien wohnten als Untermieter bei Tihanyer Bauern.

Das bebaute Gebiet von Tihany wurde im Norden von einer breiten Zone von Weingärten umrahmt. Südlich erstreckte sich die sogenannte "Innenweide", die im Besitz der Gemeinde war und für die Milchkühe und Zugtiere der bäuerlichen Gemeinschaft als Weide diente. Außerhalb dieses Gebietes befanden sich die ausgedehnten "Außenwiesen", die Hälfte davon gehörte der Abtei, die andere war vorwiegend Privatbesitz der Bauern. Diese Wiesen waren aber nur für die Schafzucht geeignet, weil sie überwiegend schlechte, sogenannte "halbschürige" Wiesen waren. Am Ufergelände erstreckte sich eine weitgedehnte Schilfzone, die für die Fischerei sehr günstig war. 2/3 dieser Zone gehörte ebenfalls zur Abtei, der die Tihanyer Bauern für die Verwendung des Gebietes eine bestimmte Summe pro Jahr zahlten.

Tabelle 3 zeigt die Verteilung der landwirtschaftlichen Nutzfläche in den Jahren 1935 und 1964:

Tab. 3:

Nutzungsarten	im Jahre 1935	im Jahre 1964	Differenz
	Katastraljoch		
Ackerland	751	538	- 213
Weingärten	87 123	169	+ 46
Obstgärten	36		
Wiesen	284 874	743	- 131
Weiden	590		
Wald	223	343	+ 120
Schilf	43	102	+ 59
Ödland und bebautes Gebiet	2720	2854	+ 134
Insgesamt	4734	4749	+ 15

Im Jahre 1935 waren nur 37 % der Gesamtfläche der Halbinsel landwirtschaftliche Nutzfläche, die sonstigen 63 % dagegen sogenannter "Heuschreckenbaumwald", Schilf und Ödland. Die wichtigsten Produkte des Ackerbaus waren: Weizen, Mais und Gerste, auf den bäuerlichen wie auch auf den Ackerflächen der Abtei. Beide dienten fast ausschließlich nur der Selbstversorgung. Die Abtei hatte dabei einen geringen Produktenüberschuß im Ackerbau, während ihre Schafzucht bedeutende Mengen, vor allem Schafwolle und Käse lieferte, die auf dem Markt verkauft wurden. Neben diesen Produkten brachten die Schilfgebiete und die Fischerei noch weitere Einnahmen für die Abtei.

Durch den Ausbau der Erholungsgebiete in Tihany und in der Nachbargemeinde Balationfüred konnte der Obst- und Weinbau ein wachsendes Gewicht in den Einkommensquellen der Tihanyer Bauern erlangen. Sie versorgten mit Obst (Aprikosen, Pfirsiche, Äpfel, Weintrauben) die Erholungsgäste.

Neben dieser landwirtschaftlichen Tätigkeit gewannen die "nicht-agraren" Erwerbstätigkeiten zunehmend Bedeutung innerhalb der Erwerbsstruktur der Tihanyer Bevölkerung. So wurde Ende der 30er Jahre am NO-Ufer des Plattensees eine chemische Fabrik zur Herstellung verschiedener Sprengstoffmaterialien und eine Schiffswerft in der Nachbargemeinde von Balatonfüred errichtet und in Betrieb genommen.

Durch die Bodenreform des Jahres 1948 konnte ein großer Teil der Besitzlosen - vorwiegend die ehemaligen Arbeiter der Abtei - einen kleinen Besitz in der Größe von 1 - 2 kj (0,56 - 1,3 ha) bekommen. Bei dieser Gelegenheit wurden 438 kj landwirtschaftliche Nutzfläche (Äcker, Wiesen, Weingärten) umverteilt. Aus den übrigen Flächen der Abtei wurde ein Staatsgut gegründet, das durch die neuen Weinplantagen am Ufer des Tihanyer Binnensees ergänzt wurde. Der erneuerte, modernisierte Gutshof am südlichen Rand des Dorfes - der ehemalige Gutshof der Abtei - diente als Betriebszentrum für das Tihanyer Staatsgut, auf dem jährlich ca. 30 - 50 ständig beschäftigte, landwirtschaftliche Lohnarbeiter tätig sind und ungefähr die gleiche Zahl saisonal Beschäftigte.

Die während der 50er Jahre in Ungarn stattgefundene, ziemlich rasch ablaufende Industrialisierung und die damit verflochtene Urbanisierung wirkte sich dabei auch auf die sozialgeographischen Verhältnisse der Gemeinde Tihany ganz wesentlich aus.

Die Anfang der 50er Jahre gegründete landwirtschaftliche Genossenschaft von Tihany löste sich im Jahre 1957 auf und ihre landwirtschaftlichen Nutzflächen gingen wieder in Privateigentum über; ihre Besitzer waren vorwiegend die ständigen Einwohner von Tihany. Infolge der raschen Zunahme der Nachfrage an Erholungsflächen und der jährlich beträchtlich wachsenden Grundstückspreise verkauften die Tihanyer Einheimischen ihre Äcker, Weingärten usw. Die Mehrheit der neuen Besitzer sind Budapester Einwohner, die auf der Tihanyer Halbinsel ein Wochenendhaus oder - besonders in den letzten Jahren - ein Zweitwohnhaus inmitten der Obst- oder Weingärten errichteten. Die Landwirtschaft spielt nun eine immer geringere Rolle im Leben der Tihanyer Bevölkerung. Die landwirtschaftliche Nutzfläche des Tihanyer Staatsgutes bildet zur

Zeit den Schwerpunkt der Agrartätigkeit auf der Halbinsel.
Die hier befindlichen Weinbauflächen und Lavendelplantagen
wurden von 50 - 60 saisonalen Pendlern und 30 - 50 ständigen
Lohnarbeitern versorgt.

Die Veränderung in der Häuserzahl von Tihany spiegelt einen
Teil dieser Umwandlung wider.

Tab. 4: Die Veränderung der Häuserzahl in Tihany
von 1900 bis 1960

Jahr	Zahl der Häuser
1900	165
1924	178, davon a) im Dorf 165
	b) im Außenbereich 13
1930	253
1941	327
1949	333
1960	476, davon a) im Dorf 304
	b) im Außenbereich 172

Das bebaute Gebiet des alten Dorfes hat sich während der letzten 40 Jahre beträchtlich ausgedehnt. Seine Größe im Jahre
1924 mit nur 37 kj erreichte bis 1968 154 kj. Durch die Eingemeindung des alten Tihanyer Badeortes und durch die Ausdehnung der neu erbauten Teile verdreifachte sich das Gebiet.

Außerhalb dieser Ortsteile, wo durch die Auswirkungen des Erholungswesens und des Fremdenverkehrs eine bedeutende sozialgeographische Veränderung verursacht wurde (wie in der Kartierung dargestellt), entstanden fünf neue Erholungsgebiete.
Das am südlichen Ende der Halbinsel gelegene Gebiet wurde
mit vierstöckigen Hotels und Erholungsheimen von den verschiedenen Gewerkschaften bebaut. Die anderen vier Erholungsgebiete besitzen einen anderen Charakter, weil sie durch im
Privateigentum befindliche Wochenendhäuser, inmitten der Obst-
und Weingärten gelegen, gekennzeichnet sind. Während das erstgenannte Gebiet durch Parzellierung eines Teiles des Staats-

gutes entstanden ist, wurden die anderen Gebiete vorwiegend durch den Verkauf von Grund und Boden der Tihanyer Bevölkerung ermöglicht, ergänzt zu einem geringen Teil durch Parzellierung staatlichen Besitzes (z.B. Gödrös, Diosd, Sajkód).

Während der Erholungssaison (zwischen Mai - September), hauptsächlich aber in der Hochsaison (von Juni bis August), steigt die Bevölkerungszahl von Tihany jährlich immer mehr durch die Zunahme der Erholungstätigkeit und des Fremdenverkehrs. Insbesondere in diesen Monaten stehen die ausländischen Gäste aus der DDR und aus der Tschechoslowakei an erster Stelle, wobei die Zahl der westeuropäischen Gäste auch eine ständige Zunahme zeigt. Dieser Umwandlungsprozeß auf der Tihanyer Halbinsel ist verflochten mit dem ständigen Ausbau der Dienstleistungen, die bis heute hohe Investitionen (an Hotels, neuen Geschäften, öffentlichen Dienstleistungsbetrieben usw.) erforderten. Aus der Fülle von Veränderungen beschränkt sich dieser Beitrag auf jene, die in den sozialgeographischen Mustern des ausgedehnten alten Dorfgebietes getätigt wurden.

Die folgenden Unterlagen wurden dabei als wichtigste Datenquellen zur Kartierung herangezogen: das Anmeldebuch der Gemeinde Tihany, die Grundsteuerstatistik aus dem Jahre 1968, die Viehbestandsstatistik nach Haushalten vom Mai 1968, die Statistik des Reisebüros IBUSZ über die Übernachtungen der Erholungsgäste in den vermieteten Privatzimmern im Jahre 1968; so dann die archivalischen Dokumente der Katastralvermessung aus dem Jahre 1924, die agrarstatistischen Angaben der verschiedenen Veröffentlichungen des Statistischen Amtes von Ungarn aus den Jahren 1935, 1948 und 1964. Diese Materialien wurden durch eigene empirische Kenntnisse und Erhebungen, die anläßlich einer Geländearbeit gesammelt wurden, ergänzt.

Die Gesellschaftsstruktur der Gemeinde Tihany zeigte im Jahr 1968 ein völlig anderes Bild als im Jahre 1924. Die starke Abnahme des Anteils der Agrarbevölkerung (70 % Abnahme zwischen 1930 und 1960), die Abnahme des Großviehbestandes (Rinder, Pferde) und der erhebliche Zuwachs des Anteils der soge-

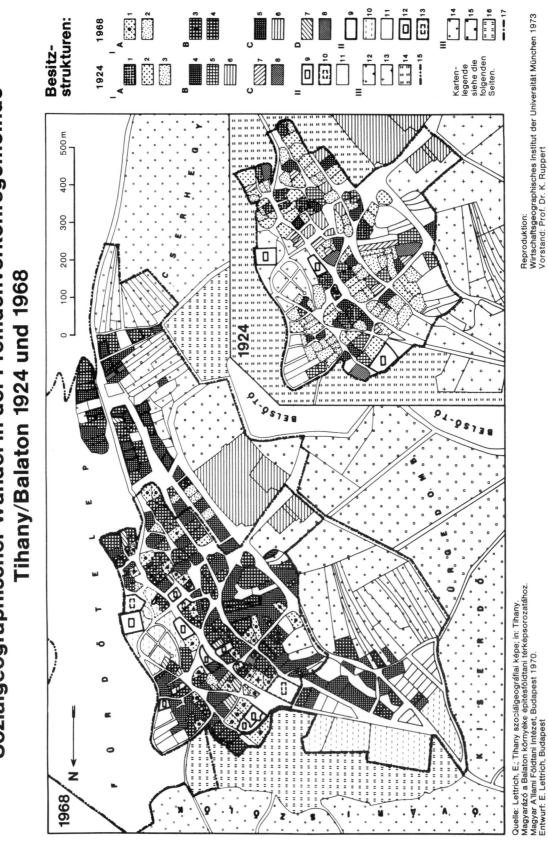

Abb. 2 Sozialgeographischer Wandel in der Fremdenverkehrsgemeinde Tihany/Balaton 1924 und 1968

Kartenlegende:

"Sozialgeographischer Wandel in der Gemeinde Tihany von 1924 bis 1968"

A. IM JAHRE 1924

Haushaltsgruppen:

Landwirte mit Besitz landwirtschaftlicher Flächen
1 = über 10 kh [+] (über 5,7 ha)
2 = 5 - 10 kh (2,9 - 5 7 ha)
3 = 1 - 5 kh (0,56 - 2,88 ha)

Arbeiter und Angestellte
4 = "nicht-agrare" Erwerbstätige mit landwirtschaftlichem Besitz unter 0,56 ha
5 = landwirtschaftliche Arbeiter mit landwirtschaftlichem Besitz unter 0,56 ha
6 = besitzlose Knechte der Abtei

Selbständige Handwerker und Händler
7 = mit landwirtschaftlichem Besitz zwischen 2,88 ha - 5,7 ha
8 = mit landwirtschaftlichem Besitz unter 2,88 ha und Besitzlose

Besitzverteilung insgesamt
9 = Privateigentum der Wohnbevölkerung (Grundstücke und Felder)
10 = Abteigüter
11 = Besitz der Gemeinde Tihany (Innenweide der Gemeinde)
12 = Grenze des bebauten Gebietes im Jahre 1924

B. IM JAHRE 1968

Haushaltsgruppen:

Landwirte mit Besitz zwischen 0,56 - 4,6 ha
1 = mit Großvieh (Rinder und Pferden und mit Wirtschaftshof)
2 = ohne Großvieh (Rinder und Pferden und ohne Wirtschaftshof)
"Doppelbeschäftigte" = Arbeiter und Angestellte, die neben ihrem "nicht-agraren" Einkommen (Gehalt, Lohn) noch einen für sie wichtigen landwirtschaftlichen Nebenerwerb haben (Obst- und Weinbau, Viehzucht)
4 = mit Rinder- und Schweinezucht
5 = ohne Rinder- und Schweinezucht

Arbeiter und Angestellte ohne landwirtschaftlichen Besitz oder bis 0,56 ha
3 = "nicht-agrare" Erwerbstätige
6 = ständige und saisonale landwirtschaftliche Arbeiter des Staatsgutes

Selbständige Handwerker und Händler
7 = mit landwirtschaftlichem Besitz zwischen 0,56 - 2,88 ha
8 = ohne landwirtschaftlichen Besitz

Besitzverteilung insgesamt
9 = Privateigentum (bebaute Grundstücke, Obst- und Weingärten usw.)
10 = Staatsgut
11 = öffentliche Flächen (Park, Friedhof usw.)
12 = Weide im Besitz der Gemeinde Tihany
13 = vermietete Privatzimmer
14 = unbebaute Grundstücke im Privateigentum

[+] 1 Katastraljoch = 0,566 ha
1 ha = 1,76 Katastraljoch (kh)

15 = Grenze des bebauten Gebietes im Jahre 1968
16 = Geschäfte
17 = öffentliche Gebäude
18 = Rathaus
19 = Grundschule (im Jahre 1924 Schule der röm.-kath. Kirche)
20 = Kirche der Kalvinisten (im Jahre 1924 Grundschule)
21 = Polizei
22 = Post
23 = Parteihaus für Ungar. Sozialist. Arbeiterpartei
24 = Forschungsinstitut der Geophysikalischen Abteilung der Universität Budapest
25 = Kino
26 = Kirche und Kloster (Kloster im Jahre 1968 = Museum)
27 = Kindergarten und Kinderkrippe
28 = Museum für Volkstracht
29 = Gasthaus, Restaurant, Café
30 = Geschäfte für Lebensmittel, Bazare, Souvenir usw.

---

nannten "städtischen Haushalte", die keine Selbstversorgung - keine Viehzucht und Ackerland - betreiben, sind dafür gute Indikatoren. Nur die Wein- und Obstgärten konnten ihre Bedeutung etwas behalten. Ein Großteil der Tihanyer Haushalte besitzt einen kleinen Obst- und Weingarten (unter 0,56 ha), der aber kein wesentliches Einkommen bringt.

Im Rahmen der sozialgeographischen Kartierung wurden die noch im Betrieb befindlichen Bauernhöfe (Haushalte mit Großviehhaltung, Scheune und Ställen usw.) ausgewiesen. Wegen ihrer unterentwickelten Mechanisierung und mangelnden Modernisierung können sie mit der Urbanisierung der Siedlung nicht gut Schritt halten, doch sie verhindern die Weiterentwicklung dieses Prozesses in seiner heutigen Form. Die Besitzer dieser Höfe sind oft über 65 Jahre alt, viele von ihnen sind zur Verbesserung ihres Betriebes finanziell gar nicht in der Lage. Sie spielen in der Obst- und Weinversorgung der Erholungsgäste eine geringere Rolle als die "Doppelbeschäftigten", die sich neben ihren "nicht-agraren" Einkommen noch mit Obst- und Weinbau beschäftigen.

Die Haushalte der Gemeinde Tihany wurden nach ihren Einkommensquellen in die folgenden Haupt- und Nebengruppen eingeteilt:

A. Landwirte = Haushalte, die außer dem landwirtschaftlichen Einkommen keine "nicht-agraren" Einkommensquellen haben

Untergruppen:

1. Landwirte mit Großviehhaltung (Rinder- und Schweinezucht) und Wirtschaftshof

2. Landwirte ohne Großviehhaltung (Rinder- und Schweinezucht) und ohne Wirtschaftshof

B. Arbeiter und Angestellte als "Doppelbeschäftigte" = Haushalte, die neben ihrem nicht-agraren Einkommen (Gehalt oder Lohn) für ihren Haushalt noch ein wesentliches landwirtschaftliches Einkommen haben (aus dem Obst- oder Weinbau, evtl. der Viehzucht)

Untergruppen:

1. mit Rinder- und Schweinezucht

2. ohne Rinder- und Schweinezucht

C. Arbeiter und Angestellte ohne landwirtschaftlichen Besitz oder einer LN unter 0,56 ha

Untergruppen:

1. mit Besitz unter 0,56 ha = a) mit Viehzucht
                                    b) ohne Viehzucht

2. ohne landwirtschaftlichen Besitz

D. Selbständige Handels- und Gewerbetreibende

Untergruppen:

1. mit Besitz unter 2,88 ha

2. ohne Besitz

Im Jahre 1968 existierten insgesamt 344 Haushalte in Tihany. Von ihnen gehörten nur 34 Haushalte oder 9,6 % zur Gruppe der Landwirte, die außer dem landwirtschaftlichen Einkommen keine "nicht-agraren" Einkommensquellen besaßen. Im Rahmen dieser Gruppe kommen nur 4 Haushalte vor, die kein Großvieh (Rinder und Pferde) halten, die übrigen 30 Haushalte treiben Viehzucht (Milchvieh- und Schweinezucht, wobei 5 - 10 Schweine pro Jahr zum Verkauf gelangen). Auf ihrem Grundstück befindet sich meist ein im Betrieb stehender Wirtschaftshof mit Scheune, Ställen und anderen Wirtschaftsgebäuden (vgl. Tab. 5).

36 % der Tihanyer Haushalte (d.h. 125 Haushalte) stellen die sog. "Doppelexistenzen" dar, die neben den "nicht-agraren" Einkommen einen bedeutenden landwirtschaftlichen Nebenerwerbsbetrieb - mit einer Größe von 0,56 - 2,88 ha - als Privatbesitz haben. Diese Gruppe bildet zur Zeit die zweitgrößte und andererseits eine wohlhabende Gruppe der Tihanyer Gesellschaft. In 29 Haushalten spielt die Viehzucht (Milchvieh und die 5 - 8 Schweine, die pro Jahr zum Verkauf gelangen) noch eine nicht unwichtige Rolle. Die Haushalte umfassen Familien, deren Zahl im letzten Jahrzehnt am stärksten rückläufig war und in denen die Großeltern und Eltern mit ihren Kindern, d.h. also drei Generationen, zusammen leben. Die Großeltern beschäftigen sich mit der Viehzucht und mit dem Ackerbau, die jüngere Generation ist vorwiegend "nicht-agrarerwerbstätig", doch sie hilft regelmäßig bei der Landwirtschaft mit. Die Hälfte der "Doppelbeschäftigten"-Haushalte (insges. 72) haben kein Großvieh, doch sie betreiben Schweinezucht, die neben der Selbstversorgung noch 3 - 5 Schweine pro Jahr für den Verkauf liefert. Die übrigen 24 Haushalte dieser Gruppe besitzen kein Vieh, eventuell nur Geflügel für die Selbstversorgung. Sie und die oben erwähnte Teilgruppe haben keine größeren Wirtschaftsgebäude; die ehemaligen Gebäude des Wirtschaftshofes wurden zu anderen Zwecken umgebaut. Doch ihre Obst- und Weingärten bilden eine wesentliche Einkommensquelle im Leben der Familie, da ihre Bebauung viel Arbeit verlangt und die meisten als Familienbetriebe mit der Arbeitskraft der ganzen Familie organisiert sind. Sie liefern Obst oder auch Wein regelmäßig zum Markt. Die Höhe dieses Einkommens reicht oft bis an die "nicht-agrarischen" Tätigkeiten heran.

Die Arbeiter und Angestellten mit unwesentlichem landwirtschaftlichen Besitz (geringer als 0,56 ha) und die Besitzlosen stellen die größte Gruppe der Tihanyer Gesellschaft dar. Ihre Zahl betrug 1968 180 Haushalte, das waren 52,5 % aller Haushalte. 102 Haushalte davon haben - außer einem kleinen Hausgarten - noch einen kleineren Obst- und Weingarten in der Nähe des Dorfes. Der größte Teil dieser Haushalte hat schon derzeit keine Viehzucht, keinen Wirtschaftshof mehr und betreibt keinen Ackerbau; sie besorgen sich ihre Lebensmittel durch den Kauf in den Lebensmittelgeschäften und auf dem Wochenmarkt von Tihany, ebenso wie die 78 Haushalte der Besitzlosen.

Tab. 5: Die Verteilung der Haushalte nach den verschiedenen Sozialgruppen in Tihany 1968

Haushaltsgruppen	absolute Zahl der Haushalte insg.	in %
A. Landwirte		
1. mit Rinder- und Schweinezucht	30	
2. ohne Rinderzucht	4	
insgesamt	34	9,6
B. Doppelbeschäftigte		
1. mit Rinder- und Schweinezucht	29	
2. nur mit Schweinezucht	72	
3. ohne Viehzucht	24	
insgesamt	125	36,4
C. Arbeiter und Angestellte		
1. mit geringem landwirtschaftlichen Besitz (unter 0,56 ha)		
a) mit Schweinezucht	11	
b) ohne Viehzucht	91	
2. ohne landwirtschaftlichen Besitz	78	
insgesamt	180	52,5
D. Selbständige Händler u. Handwerker		
1. mit landwirtschaftlichem Besitz unter 2,88 ha	3	
2. ohne landwirtschaftlichen Besitz	2	
insgesamt	5	1,5
Haushalte insgesamt	344	100,0

Die selbständigen Händler (2 Haushalte) und Handwerker (3 Haushalte) stellen eine Gruppe mit nur geringer absoluter und relativer (1,5 %) Zahl dar. Ihre Tätigkeit spielt jedoch eine wichtige Rolle im Dienstleistungssektor der Gemeinde. Sie ergänzen das staatliche und genossenschaftliche Dienstleistungsangebot. Jeder von ihnen arbeitet ohne fremde Arbeitskräfte, die meisten sind sog. Familienbetriebe, in denen nur die Familienmitglieder tätig sind (Mann und Frau, seltener auch der Sohn). 3 Haushalte haben daneben noch beachtliche Obst- und Weingärten (unter 2,88 ha), die sie von Lohnarbeitern versorgen lassen, und die damit die größten Obstlieferanten, insbesondere bei Pfirsichen, der Gemeinde sind.

Das Bild von Tihany veränderte sich im letzten Jahrzehnt auch wesentlich infolge der sozialgeographischen Umwandlungen. Mehr als die Hälfte des bebauten Gebietes wurde kanalisiert, mit Wasseranschluß versorgt, die Stromversorgung wurde schon vor 20 Jahren im Dorf installiert. Die Verbesserung der Infrastruktur wurde durch staatliche Kredite unterstützt (die Gemeinde erhielt einen langfristigen Kredit sowie jede einzelne Familie einen Kredit von der Bank zum Zwecke der Neuorganisation der Infrastruktur). Gegenwärtig werden mehr als die Hälfte der Häuser modernisiert, umgebaut oder vergrößert, in den meisten Fällen bestehen sie aus 3 - 5 Zimmer mit Bad, fließendem kalten Wasser, seltener warmes Wasser, Toiletten und eventuell Garage. Viele ehemaligen Wirtschaftsgebäude wurden für diese Umgestaltung verwendet. Laut der offiziellen Vorschriften dürfen nur solche Haushalte an Erholungsgäste vermieten, in denen mindestens 2 Zimmer mit Bad, fließendem kalten Wasser und Toilette vorhanden sind. Im Jahre 1968 wurden unter der Mitwirkung von IBUSZ 87 Zimmer (im Besitz von 54 Haushalten) mehr als 2 Monate vermietet.

Die Zahl der zur Zeit noch in Betrieb stehenden Wirtschaftshöfe vermindert sich rasch. Sie befinden sich vorwiegend im Bereich der Csokonai - und Battyányi-Straße, während von der Hauptstraße - der Kossuth Lajos-Straße - sie völlig verdrängt worden sind.

Das Bild der Dorf-Gemarkung verändert sich ebenso beträchtlich. Die Besitzstruktur im Jahre 1968 stellte sich folgendermaßen dar: 1227 Katastraljoch (ca. 600 ha) waren als Privateigentum im Besitz der Tihanyer Bevölkerung bzw. der Nichteinheimischen, vorwiegend aus Budapest; 3527 Katastraljoch gehörten zum Staatsbesitz, wobei drei größere Teilgebiete räumlich hervortraten:

1. Das Gebiet der neuen Weinplantagen, das als Abteilungsbetrieb zum Badacsonyer Staatsgut gehört, dem größten Weinbaubetrieb am nördlichen Ufer des Plattensees, seit der Vereinigung mehrerer volkseigener Weingartenbetriebe der weiteren Umgebung. Die zweitgrößte Weinkellerei Ungarns gehört zu diesem volkseigenen Betrieb.

2. Die ehemaligen "Heuschreckenbaumwälder" der Tihanyer Halbinsel wurden durch die neuen Forstanlagen - vorwiegend Fichtenwälder - allmählich ausgetauscht und ergänzt, seit die Wälder der Halbinsel vor zehn Jahren von der Verwaltung der Nord-Transdanubischen Forstdirektion als Staatsforstbetrieb übernommen wurden.

3. Die weitgedehnten Schilfgelände der Tihanyer Halbinsel wurden auch vergrößert, weil die Nachfrage nach dem Rohrschilf während der letzten fünfzehn Jahre stark gestiegen ist und der Schilfrohrexport zur Zeit eine zunehmende Einkommensquelle für Ungarn darstellt. Diese Tihanyer Betriebsgruppe - als Teilgebiet der ungarischen Schilfrohrbetriebe - spielt im Rahmen der Gesamtwirtschaft eine bedeutende Rolle. Die räumliche Ausdehnung des Schilfgeländes wurde ziemlich stark weiterentwickelt im Zusammenhang mit der planmäßigen Umwandlung des Gebietes und mit der Regulierung des Ufergeländes der Tihanyer Halbinsel.

Dadurch wurden neue planmäßig eingerichtete Badegelände an den verschiedenen Uferabschnitten mit modernen Strandbädern und "freien Badebereichen" - die kostenlos nutzbar sind - ausgebaut. Die Fischerei stellt nur eine bedeutungslose Beschäftigungsquelle dar, für die ständige Wohnbevölkerung der Halbinsel zählt sie als Hobby - neben dem Segeln - zu dem wichtigsten Zeitvertreib ebenso wie für die Erholungsgäste. Vor fünf Jahren wurde eine Reitschule - als staatlicher Betrieb - im südlichen Gebiet der Halbinsel errichtet, um die Freizeitmöglichkeiten weiter zu entwickeln. Ein Teil der Halbinsel wurde ferner zum Naturschutzgebiet erklärt, um ihre ursprüngliche, zur Zeit in Ungarn nur noch selten anzutreffende Steppenvegetation und die schönsten Tuffsteinfelsen zu schützen.

Die größten Teile der Gesamtfläche der Halbinsel dienen schon heute der Erholung. Die Wälder und Schilfgebiete werden von den Erholungsgästen benutzt. Nur die umzäunten Weinbaugebiete des Badacsonyer Staatsgutes und der Privatbetriebe der Einheimischen stellen die landwirtschaftliche Nutzfläche dar. Insgesamt 653 Katastraljoch dienten im Jahre 1968 als Ackerfläche - auf der ein Viertel mit Tomaten und anderen Gemüsearten (ohne Berieselung) angebaut wird. Die Weizenfelder verminderten sich zu Gunsten der Mais- und Gemüseflächen.

Die Erholungstätigkeit, der Fremdenverkehr und eine industrielle Pendelwanderung nach in der Nähe liegenden Industriebetrieben (z.B. in Balatonfüred, Pét, usw.) beeinflussen entscheidend den täglichen und auch den saisonalen Rhythmus des Lebens in der Gemeinde Tihany. Infolge dieser Erscheinungen befindet sich hier gegenwärtig schon eine von den Agrardörfern abweichende Verhaltensweise sowie eine Arbeits- und Zeiteinteilung. Die ehemaligen Gewohnheiten, die eng mit der landwirtschaftlichen Tätigkeit verflochten waren, geraten mit dem Hinausdrängen der Landwirtschaft als Haupterwerbsmöglichkeit allmählich in Vergessenheit. Die Tihanyer Halbinsel mit ihrer speziellen Funktion als einem der höchst frequentiertesten Fremdenverkehrsgebiete in Ungarn gewann in den letzten Jahrzehnten eine überregionale Funktion, die mit der Weiterentwicklung des Ausbaues der Erholungsgebiete der Halbinsel eine zunehmende Bedeutung in Ungarn gewinnt. Diese Rolle beschleunigt den Ablauf des Urbanisierungsprozesses dieses ehemaligen Agrardorfes, von dem man annimmt, daß er bereits in der nahen Zukunft - nach der Auffassung der Planungsfachleute bereits im Laufe des nächsten Fünfjahresplanes, das heißt zu Beginn der 90er Jahre abgeschlossen sein dürfte.

DAS UNGARISCHE TANYENSYSTEM

Das ungarische Tanyensystem mit seiner Wirtschafts- und Siedlungsstruktur stellt eine spezifische sozialgeographische Erscheinung dar und zählt zu den charakteristischen Merkmalen der Ungarischen Tiefebene. Die Eigenarten des Tanyensystems liegen nicht nur in seiner weitgedehnten räumlichen Verteilung - zur Zeit stellt das ungarische Tanyensystem eines der größten zusammenhängenden Streusiedlungsgebiete Europas dar, sondern auch in seiner spezifischen Genesis und in seinem gegenwärtigen sozialgeographischen Charakter. Das Gewicht der aktuellen Förderungsprobleme in der Ungarischen Tiefebene steht mit dem Tanyensystem in engem Zusammenhang. Dieser Beitrag erörtert die verschiedenen Entwicklungsstadien des Tanyensystems, einschließlich seiner gegenwärtigen Hauptmerkmale und seiner aktuellen Förderungsprobleme.

1. Die historischen und naturräumlichen Bedingungen der Entwicklung des ungarischen Tanyensystems

Die Ungarische Tiefebene - sie heißt ungarisch Alföld -, in der das Tanyensystem eine hervorragende Rolle spielt, ist die dritte Großlandschaft Ungarns neben dem sich im Westen des Landes erstreckenden hügeligen Transdanubien und den im Norden liegenden Mittelgebirgen (vgl. Abb. 1).

Mit einer Fläche von 45.000 km^2 nimmt das Alföld fast die Hälfte des Staatsgebietes ein. Es ist eine junge Beckenlandschaft, entstanden durch Absinken im Tertiär bis in das Pleistozän und durch Flußaufschüttungen sowie subärische Ablagerungen. Die Hauptelemente der Oberfläche sind: pleistozäner Löß, altholozäner Flugsand und weitverbreitetes holozänes Alluvium.

Die Oberfläche ist nur wenig gegliedert, die Eintönigkeit des

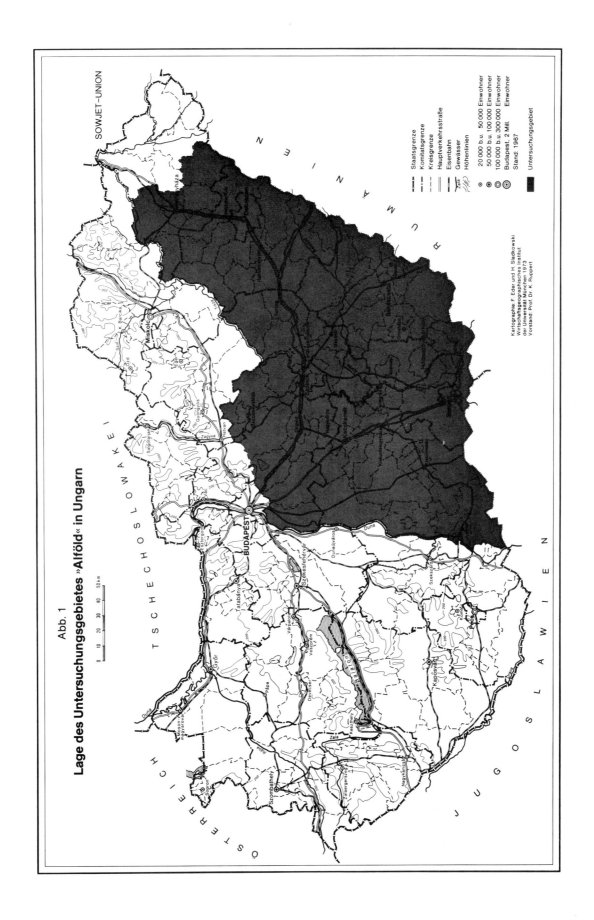

Abb. 1
Lage des Untersuchungsgebietes »Alföld« in Ungarn

Alfölds wird durch die Gleichförmigkeit des Klimas noch betont. Kennzeichen des kontinentalen Steppenklimas sind die heißen trockenen Sommer und die streng kalten Winter. Die jährliche Niederschlagsmenge beträgt nur 500 - 550 mm, neben der mittleren Jahrestemperatur von 10 C^o (im Juli und August 22 - 24 C^o). Ein intensiver Ackerbau ist im größten Teil des Alfölds nur mit Berieselung möglich. Der Ausbau eines weitgedehnten Berieselungsnetzes ist seit einem Jahrzehnt im Gange. Obwohl einige Gebiete, z.B. zwischen Donau und Theiß, an Flüssen und Bächen arm sind, ist jedoch fast die ganze Landschaft reich an unterirdischen Schichtwassern.

Die heutigen Linien des Flußnetzes sind im Alföld jung. sie stammen aus dem Jungpleistozän und Altholozän. Die Theiß ist der Hauptfluß des Alfölds. Sie änderte früher oftmals ihren Lauf und bildete zahlreiche Mäander aus, die einen raschen Durchlauf des Hochwassers verhinderten. Charakteristisch für die Theiß und ihre Nebenflüsse (Maros, Körös, Szamos) waren große Schwankungen des Wasserniveaus, wodurch periodische Überschwemmungen damals große Gebiete überfluteten und weite Teile des Alfölds in unwegsames Sumpfgelände verwandelten (siehe Abb. 2). Durch die seit der zweiten Hälfte des 18. Jahrhunderts durchgeführten Flußregulierungen und Entwässerungen verschwanden diese einstigen Sumpfgebiete, wodurch fast 2,5 Mill. ha von den Überschwemmungen befreit wurden.

Auf Grund des Reliefs und Flußnetzes gliedert sich das Alföld in drei Landschaftseinheiten:
1. die ausgedehnte Flugsandlandschaft zwischen Donau und Theiß,
2. das östlich der Theiß liegende Südost-Alföld mit den besten Böden für den Ackerbau in Ungarn und
3. das nordöstliche Alföldgebiet, hauptsächlich mit armen, schwachen Böden, einschließlich der Puszta Hortobágy sowie das Flugsandgebiet von Nyirség und die Ebene von Szatmár.

Abb. 2
DIE ÜBERSCHWEMMUNGSGEBIETE IM ALFÖLD VOR DEN FLUSSREGULIERUNGEN IM 19. JAHRHUNDERT

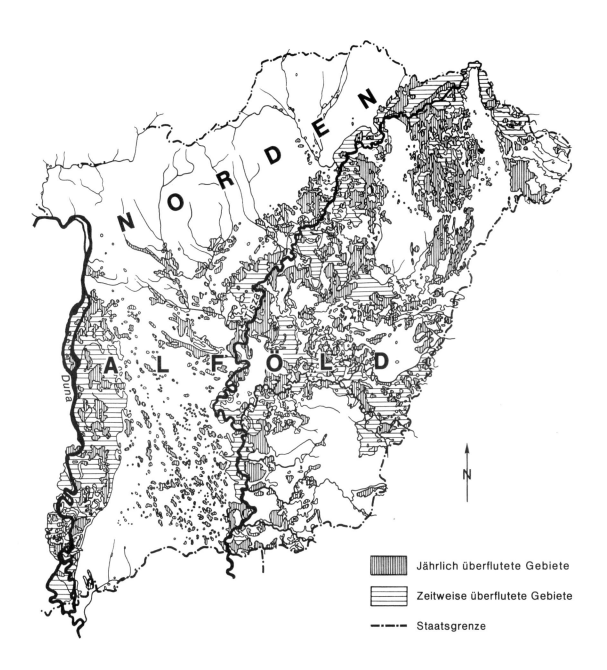

Quelle: Lettrich, E.; The Hungarian Tanya System; History and
Present-Day Problems, in: Research Problems in
Hungarian Geography, Budapest 1970, S. 151–168
Reproduktion:
Wirtschaftsgeographisches Institut der Universität München 1973
Vorstand: Prof. Dr. K. Ruppert

Nach seiner ursprünglichen Pflanzendecke gehörte das Alföld zur osteuropäischen Waldsteppenzone. Auf überschwemmungsfreien Flächen wechselten ausgedehnte Grassteppen mit lichten Wäldern. Das Alföld war also ursprünglich keine baumlose, waldarme Landschaft wie heute. Eine solche wurde es während der Umgestaltung zur Kulturlandschaft. Die menschliche Gesellschaft erwirkte die bedeutendsten Veränderungen im Antlitz des Alfölds durch Umgestaltung der Hydrographie und Pflanzendecke.

Die Entwicklung der Kulturlandschaft des Alfölds ging in mehreren Phasen vor sich. Bis zum 15. Jahrhundert verschwanden allmählich die Wälder zwecks Nutzung als Weide und Ackerland. Dieser Prozeß wurde schon von jenen Völkern begonnen, die vor der Inbesitznahme durch die Magyaren hier lebten (Kelten, Jazigen, Römer, Franken, Slawen usw.). Seit dem 11. Jahrhundert wurden die Rodungen dann von den Magyaren, in Verbindung mit dem Seßhaftwerden ihrer verschiedenen halbnomaden und nomadischen Stämme, fortgesetzt. Infolge dieses Prozesses entstanden Hunderte von kleinen Dörfern am Rande der überschwemmungsfreien Gebiete. Diese Zwergdörfer mit ihren kleinen Ackerfeldern standen als winzige Oasenflächen im Meere der Grassteppen. Die Bevölkerung trieb überwiegend extensive Viehzucht und nur nebenbei Ackerbau. Die Ausbreitung des Ackerlandes verlangsamte sich in der 1. Hälfte des 15. Jahrhunderts, um in der 2. Hälfte des gleichen Jahrhunderts infolge der ersten Verwüstungsprozesse in Ungarn stekkenzubleiben. Während dieser Periode zog die Bevölkerung der zahlreichen kleinen Dörfer in die Gemeinden um, weil sie dort die Lasten der Leibeigenschaft gemeinschaftlich tragen konnten, was ihnen eine wesentlich größere Freizeit zusicherte. Auch die strengsten Verbote konnten diese Flucht in die größeren Siedlungen nicht verhindern. Als Folge dieses gesellschaftlichen Prozesses entstanden seit der Mitte des 15. Jahrhunderts verlassene Kleindörfer um die Städte und größeren Marktorte des Alfölds, die dann die Gemarkungen dieser wüst gefallenen Orte eingemeindeten. Die erste Periode der Entfaltung einer weitverbreiteten extensiven Viehzucht in den Alföldstädten fängt in dieser Zeit an. Die Türkenbelagerung Ungarns (1526 - 1689), die sich dauerhaft auf den größten Teil des Alfölds erstreckte (vgl. Abb. 3), brachte eine rasche Ausdehnung der Wüstungen und der extensiven Viehzucht mit sich.

Im 16. und 17. Jahrhundert wurden infolge der Kämpfe gegen die Türken, die nicht nur eine ständige Existenzbedrohung bewirkten, und denen auch Tausende von Menschen zum Opfer fielen, mehr als die Hälfte der Siedlungen des Alfölds vollkommen vernichtet. Nur die größeren Siedlungen konnten ihre Existenz erhalten, weil die Mehrheit davon als Besitz der türkischen Sultane unter dem Schutz der Feudalherren etwas bessere Verhältnisse und eine gewisse Sicherheit genießen konnten. Diese Siedlungen, die sogenannten Chas-Städte, wurden zur Zuflucht der Bevölkerung des Alfölds während der Türkenbelagerungszeit. Zu ihnen zählten u.a. Kécskemét, Cegléd, Nagykörös im Gebiet zwischen Donau und Theiß, dann Karcag, Békés, u.a. östlich der Theiß gelegene Städte. Dieser Konzentrationsprozeß der Bevölkerung aufgrund äußerer Verteidigung wurde sowohl von den türkischen als auch von den nach dem türkenfreien West- und Nord-Ungarn geflohenen ungarischen Feudalherren in der Regel gerne gesehen, waren die Chas-Städte durch die Zuwanderung und die dadurch rasch gewachsene Einwohnerzahl zu noch höheren Feudaldiensten und -abgaben in der Lage. In den besetzten Gebieten mußten die Leibeigenen außer den türkischen auch noch den ungarischen Feudalherren Dienst leisten. Gerade die ungarischen Feudalherren brachten trotz ihrer Flucht aus dem Alföld ihre Feudalrechte, häufig mit militärischen Maßnahmen, zur Geltung. Die Chas-Städte empfingen auch deshalb gern die Flüchtlinge, weil die gemeinschaftlich zu leistenden feudalen Lasten durch die Zunahme der Bevölkerung relativ ertragbarer wurden.

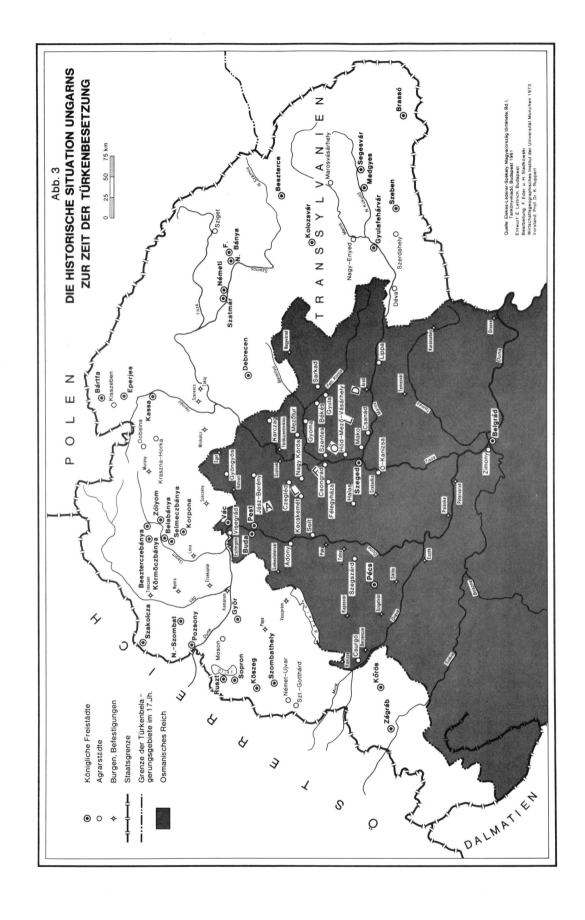

Im Laufe der weiteren Entwicklung der Bevölkerungskonzentration in den größeren Siedlungen des Alföld wuchsen auch die Gemarkungen dieser "Flucht-Siedlungen". Infolge der häufigen Kämpfe und der damit zusammenhängenden stärkeren Bevölkerungsverluste wurden immer größere Gebiete zu entleerten, unbesiedelten und unbebauten Flächen. Die Gemarkungen der benachbarten, verödeten Dörfer gliederten sich allmählich in die eigene Gemarkung der "Flucht-Siedlungen" ein. Die weitverstreuten verödeten Felder gerieten als Pachtgebiete in den Besitz der Chas-Städte, der extensiven Rinderzucht des "Civis-Bürgertums" dieser Chas-Städte dienend. Die Gemarkungsausdehnung von Kécskemét, die zwischen Donau und Theiß liegende Chas-Stadt, stellt ein für die damaligen historischen Verhältnisse typisches Beispiel dar.

Abb. 4 zeigt die Gemarkung von Kécskemét am Anfang des 16. Jahrhunderts,[1] die durch die Eingemeindung der in der Umgebung gelegenen, verödeten Dörfer schon damals relativ stark erweitert war. Während des 16. und 17. Jahrhunderts - durch den Aufschwung des Viehfernhandels - konnten auch die in der weiteren Umgebung liegenden Weiden von den ungarischen oder türkischen Feudalherren gekauft werden.[2] Dadurch wurde die Gemarkung verdreifacht, ihre Fläche umfaßte etwa 3000 Hektar. Mit zielbewußter Wirtschaftspolitik des Stadtrates gerieten noch weitere Weiden zwischen Donau und Theiß, als Pachtgebiete, für längere Zeit in den Besitz der Stadt Kécskemét.[3] In der Mitte des 17. Jahrhunderts erreichte ihre Gemarkung dadurch eine Fläche von 10.000 Hektar.

---

1) Asztalos, I, Sarfalvi, B., Duna-Tisza köze mezögazdasági földrajza (Agrargeographie des Gebietes zwischen Donau und Theiß), in: Földrajzi monográfiák, Bd. 4, Budapest 1960.

2) Becsei, J., Békés és környéke (Békés und seine Umgebung), Békéscsaba 1973.

3) Erdei, F., Magyar tanyák (Die ungarischen Tanyen), Budapest 1942.

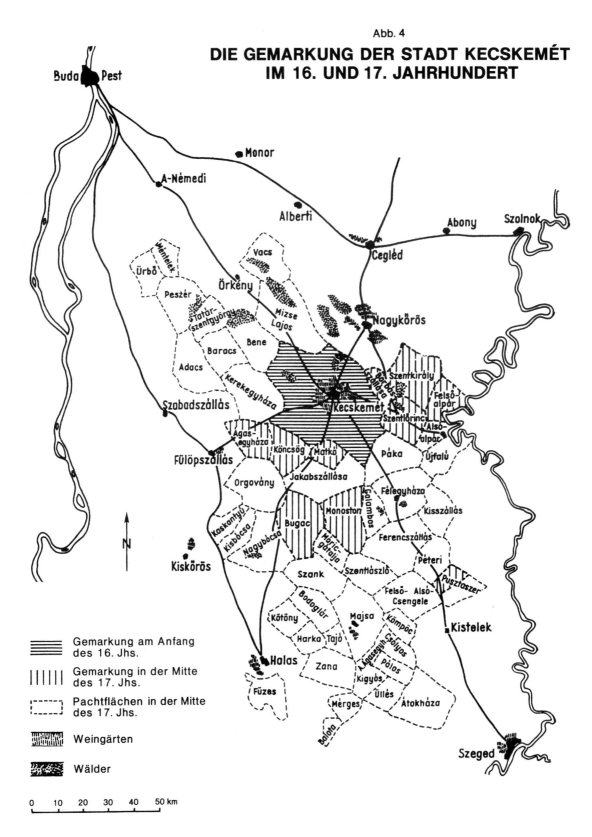

Abb. 4
DIE GEMARKUNG DER STADT KECSKEMÉT IM 16. UND 17. JAHRHUNDERT

Die spezifischen historischen Verhältnisse Ungarns im 16. und 17. Jahrhundert hatten bedeutende Auswirkungen sowohl auf das Siedlungs- als auch auf das Wirtschaftssystem des von den Türken belagerten Alfölds. Dadurch nahm hier die Entwicklung der Kulturlandschaft eine eigenartige Richtung. Infolge des andauernden Prozesses entstanden die gesellschaftlich bedingten, spezifischen Merkmale der Landschaft, die als historische Voraussetzungen für die gegenwärtige Struktur des Alfölds - neben naturbedingten Verhältnissen - dominante Bedeutung haben.

Die Entwicklung der damaligen Verhältnisse wurde nicht nur durch die rasche Konzentration der Bevölkerung in den weit voneinander liegenden größeren Siedlungen erreicht, d.h. also durch eine wesentliche Umwandlung des Siedlungsnetzes, sondern auch durch die Veränderung der Landnutzung. In allen Bereichen des befestigten Siedlungsgebietes bzw. ihrer Gemarkungen entwickelten sich die verschiedensten Arten der Verteidigung. Die ökonomische Basis des damaligen Wirtschafts- und Siedlungssystems war die extensive Viehzucht (Rinderzucht), die mit der Zunahme des Fleischbedarfs der westeuropäischen Länder einen lebhaften Viehhandel zwischen den Chas-Städten und den italienischen und deutschen Städten ins Leben gerufen hat. Die Anpassung an die Ansprüche der dominierenden Viehzucht ging sehr rasch vor sich, sowohl im Siedlungswesen als auch in der Landnutzung.

Der wichtigste und häufigste Siedlungstyp des damaligen Alfölds war das zweiteilige, befestigte Haufendorf. Aus Mangel an Grundrißkarten aus den Chas-Städten können wir ihn nur am Beispiel des Stadtplanes von Hajduböszörmény, einer der Hajdukenstädten aus dem Jahre 1782 darstellen (vgl. Abb. 5 im Anhang). Das wichtigste Kennzeichen dieses Typs war, daß das Areal des Dorfes sich in zwei Teile gliederte. Im inneren Teil standen nur hoflose Wohnhäuser ohne Wirtschaftsgebäude. Die Wirtschaftshöfe befanden sich in den sog. Stallgärten, die mit ihrer breiten Zone das Innengebiet des Dorfes umgaben.

Zu jedem Grundstück im Innengebiet gehörte ein Stallgarten, der umzäunt war, ferner war die ganze Stallgartenzone nach außen mit Planken befestigt sowie von einem Graben umgeben.

In diesem Siedlungstyp besteht also ein Grundstück aus zwei voneinander getrennten Teilen:

1. Auf einem, im Kerngebiet des Dorfes gelegenen Teil standen die Wohnhäuser in unregelmäßiger räumlicher Anordnung, wie es für Haufendörfer charakteristisch ist.
2. Auf dem anderen Teil des Grundstückes - der in der Stallgartenzone lag - standen die Wirtschaftshöfe, aus Lehm erbaute einfache kleine Bauten oder provisorisch eingerichtete Ställe, aus denen man das Milchvieh und die Zugtiere bei einem eventuellen Feuerbrand rasch entfernen konnte. Da die Einwohnerschaft der Dörfer Viehzüchter mit sehr geringem Ackerbau waren, standen dementsprechend die Stallgärten - als Wirtschaftshöfe - größtenteils mit der Viehzucht in Zusammenhang. Im Falle eines Angriffs durch die Türken konnte die Bevölkerung das Vieh gemeinsam beschützen.

Der Komplex der Wohn- und Wirtschaftsgebiete des Dorfes wurde von außen durch die sog. "Innere Weide" umgeben, die als Weide für das Milchvieh und die Zugtiere diente. Häufig lagen dazwischen noch in der Nähe des Dorfes Wein- und Obstgärten. Außerhalb der "Inneren Weide" und der Gärten erstreckte sich die "Äußere Weide", die den größten Teil der ausgedehnten Gemarkung einnahm. Nur ein kleiner Teil diente dem Ackerbau. Die Ackerflächen lagen in der Nähe der Winterstallungen des Jungviehs, d.h., wo der Düngeranfall am einfachsten zu lösen war, was nicht selten weit vom Dorf entfernt war. Sie waren sorgfältig umzäunt. Die Rinderherden weideten das ganze Jahr auf der "Äußeren Weide" und nur für die Zeit der Überwinterung kehrten sie in die Winterstallungen zurück. Die Ackerflächen der Bevölkerung gehörten in den meisten Chas-Städten entweder den Einwohnern selbst oder waren Pachtgüter, die von der Gemeinschaft der Chas-Stadt - der

Kooperation der Civis-Bürger - gepachtet wurden. Die Gemarkungskarte der Stadt Nagykörös aus der 1. Hälfte des 18. Jahrhunderts (vgl. Abb. 6) zeigt die räumliche Anordnung der Ackerfelder im Anschluß an die Winterstallungen. Seit Anfang des 17. Jahrhunderts - im Zusammenhang mit einer politisch ruhigeren Epoche - vermehrte sich die Zahl dieser Äcker und führte zum spezifischen Landnutzungssystem des sog. "mezei kertek", einem umzäunten Felder-System, wobei die extensive Viehzucht die führende Rolle spielte, jedoch daneben und in Zusammenhang mit ihr eine spezifische Landnutzung für Ackerbau bestand. Diese Ackerfelder, die sog. "mezei kertek" (in der "Äußeren Weide" liegende umzäunte Ackerflächen) waren die Vorläufer der im 19. Jahrhundert mit dem Getreidebau sich entwickelnden Tanyen.

Dieses Landnutzungssystem war jedoch nicht allgemein im Alföld vertreten, sondern es gab ein buntes Bild der verschiedenen Arten von Flursystemen. In den Hajduken-Städten am nordöstlichen Rand des Alfölds (von Fürst Bocskay gegründete Soldaten-Siedlungen) trat ausschließlich das Gewannflur-System auf, mit einer jährlichen Neuaufteilung der Äcker. In den anderen Siedlungen kamen neben der Gewannflur auch die Eigentumsfelder und damit verbundenen "mezei kertek" (umzäunte Felder) vor.

Nach dem Ende der Türkenherrschaft (1689) begann eine neue Phase in der Entwicklung der Kulturlandschaft in Alföld. Während des 18. Jahrhunderts wuchs die Bevölkerungszahl sehr rasch im Zusammenhang mit der Neubesiedlung des Alfölds. Durch ungarische Eingewanderte aus den von den Türken befreiten Gebieten sowie durch Deutsche und Slawen wurde die Bevölkerung des Alfölds aufgefüllt. Auf den früher verödeten Gebieten entstanden zahlreiche Kolonistendörfer, mit dem typischen schachbrettartigen Grundriß. Die meisten dieser unter der neuen österreichischen Feudalherrschaft entstandenen Kolonistendörfer wurden im südöstlichen Teil des Alfölds gegründet, wo die ungarische Bevölkerung und ihre Siedlungen in den Befreiungskämpfen völlig vernichtet wurde.

Abb. 6
DIE GEMARKUNG VON NAGYKÖRÖS IN DER ERSTEN HÄLFTE DES 18. JAHRHUNDERTS

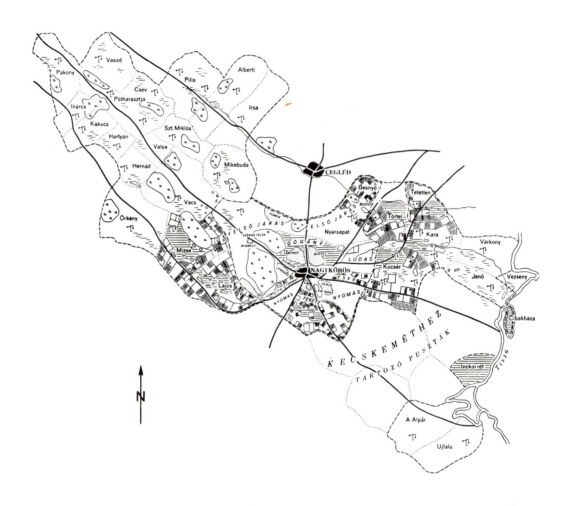

- ⊥ Äußere Weiden (Puszta)
- .... Grenze der einzelnen Pusztaflächen
- —·—·— Grenze der Stadt Nagykörös 1940
- ———— Grenze der Stadt Nagykörös im 17. Jh.
- ──── Straßen
- ≈≈ Zeitweise sumpfige Gebiete

- ▪ Ackerflächen im Familieneigentum
- ▨ Ackerflächen im Besitz der Stadt
- ≡ Innere Weiden
- ⬭ Weingärten
- ⬮ Wälder

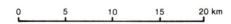

Quelle: Mailát, J.: Nagykörös, egy alföldi civis város kialakulása, Budapest 1943
Reproduktion:
Wirtschaftsgeographisches Institut der Universität München 1973
Vorstand: Prof. Dr. K. Ruppert

Die Bevölkerungszahl der Chas-Städte wuchs sprungartig, weil die Einwohner - als Mitglieder einer Gemeinschaft - mehrere Vorteile besaßen, die sie während der Türkenzeit gewonnen hatten. Obwohl auch sie unter der Feudalherrschaft standen, war ihre soziale Lage als Gemeinschaft von Leibeigenen deutlich besser als die Lage der Neukolonisten. Sie konnten ihre eigenen Felder ohne weiteres behalten und ihre Feudallasten konnten sie gemeinsam ableisten. Die Mehrheit dieser Siedlungen lag zwischen Donau und Theiß sowie in den nordöstlichen Alföldgebieten, die sog. Hajduken-Städte sowie die Städte der Großkuman (heute liegen diese Gebiete in den Komitaten Bács, Csongrád, Szolnok und Hajdu). Mit der Entwicklung der Wiederbesiedlung des Alfölds und der Zunahme der Bevölkerungsdichte erfuhr die wirtschaftliche und gesellschaftliche Entwicklung auch eine neue Wendung.

2. Die Entfaltung des Tanyen-Systems im Alföld

Seit der Mitte des 18. Jahrhunderts begann eine intensivere Landnutzung im Alföld. Obwohl die extensive Viehzucht noch längere Zeit eine bedeutende Rolle spielte, hatte sie nicht mehr die überragende Bedeutung innerhalb der Landnutzung. Ihren Platz nahm nun der Ackerbau ein. In kurzer Zeit veränderte sich die Rangstufe der Produktionszweige und die Lebensformen wandelten sich. Schnell schrumpfte die Grassteppe, die ausgedehnten "Äußeren Weiden", das ehemalige Reich der Hirten, zusammen, da die Weiden unter Pflug genommen wurden. Die Ausbreitung des Ackerbaus war so groß, daß die Ackerfläche zwischen 1720 und 1780 auf das fünffache anstieg. Den Großteil der Ackerflächen nahm die Dauergetreidewirtschaft ein. Neben dem Anwachsen der heimischen Konsumenten trug auch die zunehmende Nachfrage des Auslandes zur Steigerung der Getreidekonjunktur bei. Folglich breitete sich das Ackerland noch mehr aus.

Die Aufrechterhaltung der alten Form der Stallgärten war infolge des Zurückdrängens der Viehzucht überflüssig geworden, ihre frühere Bedeutung im Verteidigungsfalle war nicht mehr nötig. Die Stallgartenzone wurde allmählich bebaut, nicht zuletzt auch aufgrund der ständigen Zunahme der Bevölkerung.

Die Trennung der Wohnhäuser von den Wirtschaftshöfen tauchte nun in einer anderen Form auf, die in Verbindung mit der Getreidewirtschaft stand. Diese Organisationsform waren die Tanyen.

Seit dem 17. Jahrhundert bestand die Gewohnheit, die von der Siedlung fern gelegenen Äcker, die sog. "mezei kertek" (umzäunte Felder der "Äußeren Weide"), zu bebauen. Mit dem Vordringen des Getreidebaus vermehrte sich deutlich die Zahl der Felder und ihre Ausdehnung wuchs. Mit der Entwicklung der Ausbreitung der Ackerflächen in den weiter entfernt gelegenen Gebieten der Gemarkung war es nicht mehr möglich, diese vom Dorf aus bei täglicher Hin- und Rückfahrt zu bearbeiten. Die Bauern bauten deshalb einen Wirtschaftshof mit Ställen, Scheunen usw. auf dem Acker, wohin sie während der Anbauzeit - von März bis Oktober - umzogen. Diesen Wirtschaftshof, mit seinem provisorischen, nur zeitweilig bewohnten Wohnteil, nannte man Tanya.

Die Tanyen übernahmen nicht nur die wirtschaftliche Rolle der ehemaligen Stallgärten und der "mezei kertek", sondern sie ermöglichten auch eine rasche Anpassung an die Notwendigkeiten der intensiven Landnutzung. Der betriebsinterne Kontakt zwischen Viehzucht und Ackerbau hatte dabei eine wesentliche Bedeutung. Während der 1. Hälfte des 19. Jahrhunderts - in der Periode der großen Getreidekonjunktur - nahm die Weiterentwicklung der landwirtschaftlichen Warenproduktion im Alföld einen neuen Aufschwung. So wurde diese Landschaft zur Kornkammer Ungarns, in der immer größere Getreideüberschüsse für den Export produziert wurden. Im Laufe dieses Prozesses schaltete sich wieder das Alföld in den Wirtschaftskreislauf des Landes ein. Bei diesem Trend spielten die Tanyen eine wichtige Rolle.

In der ersten Phase ihrer Entwicklung - bis Mitte des 19. Jahrhunderts - stellten die Tanyen keine selbständigen Siedlungen dar, wie etwa die Einzelhöfe in Westeuropa, sondern waren nur Bestandteil des geschlossen bebauten Dorfgebietes, des Kerngebietes. Die Besitzer der Tanyen - die Einwohner der Agrarstädte oder der Riesendörfer - lösten sich von der Stadt, von der "Muttersiedlung", nicht los. Ihre ständige Wohnung war auf dem Grundstück in der Stadt, ihr gesellschaftlicher Status stand mit diesem in Zusammenhang.

In der zweiten Entwicklungsperiode der Tanyen, in der 1. Hälfte des 19. Jahrhunderts, wurden sie dann zu ständig bewohnten Siedlungen. Diese Entwicklungsphase stand in engem Zusammenhang mit dem Wandel der Wirtschafts- und Gesellschaftsstruktur in Ungarn. Trotz der Niederschlagung der ungarischen Freiheitskämpfe in den Jahren 1848 - 49 wurde der Feudalismus endgültig aufgehoben. Die Befreiung der Leibeigenen brachte einen großen Entwicklungssprung in der Landwirtschaft, lag die Förderung der Agrartätigkeit nun im eigenen Interesse des Bauerntums. Obwohl die Mehrheit der befreiten Bauern nur Kleinbauern waren, mit einer durchschnittlichen Besitzgröße von 5 - 15 ha, strebten sie danach, mit viel Mühe ihre Felder zu bebauen, um mehr Getreide auf den Markt liefern zu können. Doch diese Intensivierung der Viehzucht und des Ackerbaues verlangte eine ständige Anwesenheit des Bauern in seiner Tanya, die nun zum Mittelpunkt des bäuerlichen Wirtschaftsbetriebes wurde.

Damals lebten in den Bauernfamilien drei Generationen zusammen, sie bildeten eine gesellschaftliche und wirtschaftliche Einheit. In dieser Großfamilie bestand bereits eine Arbeitsteilung und Wohnungsverteilung, wonach die jüngeren Familienmitglieder - meist der verheiratete Sohn mit seiner Familie - im Tanya wohnte und das Haus der Großfamilie, das sich in der Stadt befand, von den Eltern und Großeltern bewohnt wurde.
So lag zwischen der Tanyenbevölkerung und den Stadtbewohnern im Alföld eine enge Verbindung vor. Das Elternhaus in der

Stadt war gleichzeitig der Treffpunkt der Familienmitglieder zu den Feiertagen.

Neben diesen Tanyen kamen auch solche vor, die vom Agrarproletariat - ackerlosen landwirtschaftlichen Arbeitern - bewohnt wurden. Die Großbauern und Besitzer der Latifundien hatten viele Tanyen, in denen ihre Knechte wohnten und deren Kontrakte meist nur ein Jahr liefen.

Die dritte Entwicklungsperiode der Tanyen begann Ende des 19. Jahrhunderts im Zusammenhang mit dem Zerfall des Großfamiliensystems und mit der raschen Zersplitterung der Grundstücke aufgrund der Realteilung. Infolge dieses Prozesses wuchs die Zahl der Tanyen ständig, die von der "Muttersiedlung" - von der Stadt - völlig losgelöst wurden. In dieser Periode wurden die Tanyen zu Streusiedlungen im eigentlichen Sinne.

Mit dem Fortschritt der Landwirtschaft erhöhte sich auch die Bevölkerungsdichte im Alföld. In den südöstlichen Gebieten der Landschaft, wo sich die besten Böden Ungarns befinden, wuchs die landwirtschaftliche Bevölkerungszahl sprungartig. Demgegenüber lief dieser Prozeß zwischen Donau und Theiß, in den ausgedehnten Sandgebieten, mit wesentlicher Verspätung ab. Die Entwicklung der Bevölkerungsdichte im Komitat Békés (südöstliches Alföldgebiet) und im Kreis Kécskemét (zwischen Donau und Theiß) zwischen 1870 und 1900 stellt diese Entwicklung gut dar (vgl. Abb. 7 und 8).

Die Entwicklung der Bevölkerungsdichte war in den Gebieten, in denen Großgrundbesitz vorherrschte - wie z.B. im Komitat Békés - durch die Besitzverhältnisse zeitlich verzögert. Zwischen 1900 und 1930 konnte die Bevölkerungsentwicklung in diesem Raum nur eine geringe Zunahme erreichen, dementsprechend wuchs die Siedlungsdichte bescheiden und ließ hier ein relativ dünnes Tanyen-Siedlungsnetz entstehen. Demgegenüber fing in der Sandlandschaft zwischen Donau und Theiß in diesem Zeitraum eine rasche Entwicklung im intensiven Wein- und

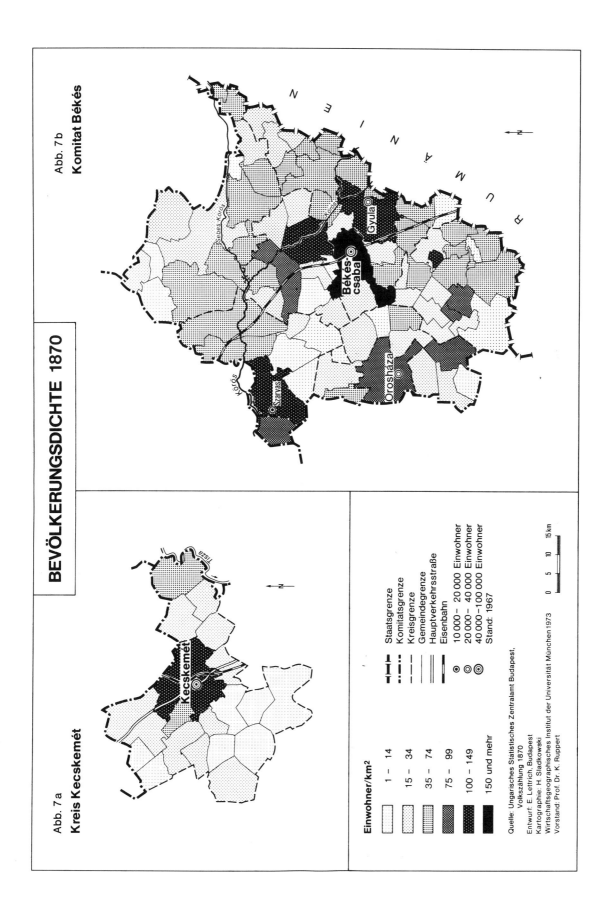

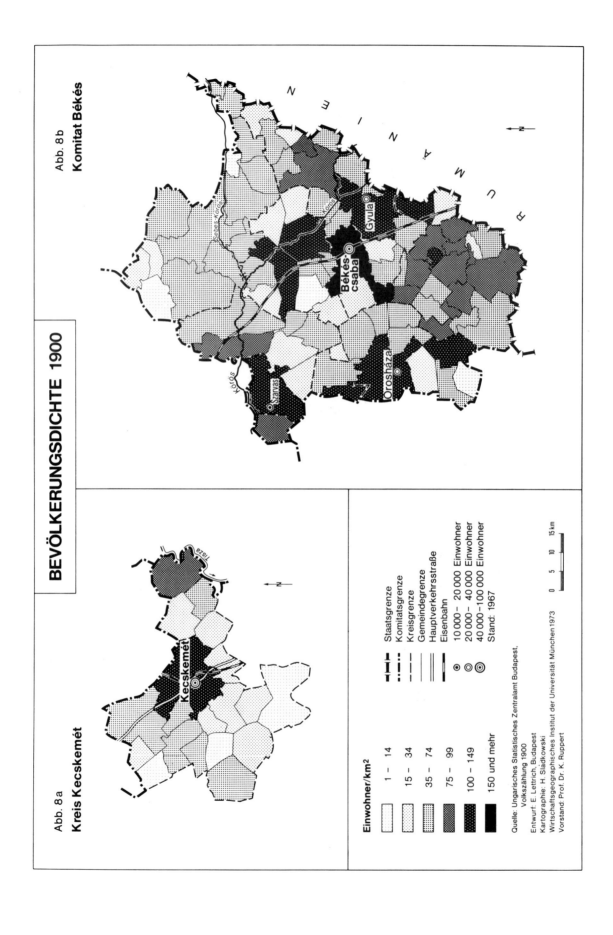

Obstbau an, durch die Parzellierung der ausgedehnten Weidegebiete der Agrarstädte dieses Raumes (Kécskemét, Nagykörös, Cegléd, Kiskunfélegyháza usw.). Tausende der neuen kleinbäuerlichen Agrarbetriebe entstanden somit in dieser Landschaft und hatten entsprechend große Zahlen von neuen Tanyen zur Folge. Die Bevölkerungs- und Siedlungsdichte erhöhte sich hier also weiter sprunghaft (vgl. Abb. 9) und führte zu einer der dichtesten Siedlungsnetze des Alfölds.

Die Tanyenentwicklung - die mit dem intensiven Obst- und Weinbau und mit den kleinbäuerlichen Betrieben in engstem Zusammenhang stand - ermöglichte es, jede nutzbare Fläche in die Landwirtschaftsproduktion einzubeziehen. Gleichzeitig sicherte die Entfaltung des Tanyasystems vielen Tausenden von Kleinbauernfamilien ein relativ gutes Einkommen.

Die Lebensverhältnisse der Tanyenbevölkerung waren jedoch nicht leicht. Die Bewirtschaftung der um die Tanyen angelegten Betriebsflächen nahm die volle Arbeitskapazität der Kleinfamilie in Anspruch. Diese in Entfernung von 0,5 - 1,5 km voneinander stehenden Einzelhöfe waren von Beginn des Winters bis in den Frühling hinein unzugänglich wegen des Mangels an fahrbaren Straßen. Die Stadt war in der übrigen Zeit auch nicht leicht erreichbar, da eine Entfernung zwischen den Tanyen und der Stadt von 15 - 20 km keine Seltenheit war. Das Schicksal des Kleinbauerntums in diesen Gebieten gestaltete sich dennoch günstiger als jenes der Agrararbeiter, die in den Tanyen der Großbauern oder Großgrundbesitzer hausten. Sie gestaltete sich auch wesentlich günstiger als das Los der Tausende arbeitsloser und ackerloser Agrarproletarier, die infolge des in Ungarn damals herrschenden großen landwirtschaftlichen Arbeitskraftüberschusses keine ständige Arbeit bekommen konnten. Viele von ihnen wanderten aus Ungarn aus, um in den Ländern Westeuropas oder in den Vereinigten Staaten ihr Auskommen zu sichern.

Da die Bevölkerungszahl der Tanyenbewohner im Jahre 1930 schon 1 Million überstieg, tauchte immer häufiger die Lösung der sog. "Tanyenfrage" in der öffentlichen Meinung Ungarns auf. Mitte der 30er Jahre begann der Ausbau des Grundschulnetzes in den von den Städten fern gelegenen Gebieten als eine der höchst dringlichen Aufgaben zur Förderung dieser Landschaften. Doch die meisten Probleme der Tanyenbevölkerung blieben unter den damaligen gesellschaftlichen Verhältnissen ungelöst, sie gingen als schwere Last auf das sozialistische Ungarn über.

Durch die Bodenreform des Jahres 1945 erhielt der größte Teil des ungarischen Agrarproletariats Land. Die Mehrzahl der Landempfänger errichtete auf dem ihnen zugewiesenen Land - mit einer durchschnittlichen Größe von 5 - 8 ha - ein neues Tanya. Ein Großteil der neuen Tanyainhaber besaß früher kein eigenes Haus im Dorf oder in der Stadt. Zu dieser Zeit wurden ungefähr 75.000 neue Tanyen im Alföld errichtet, deren Mehrzahl in den über der Theiß liegenden Gebieten von dem dortigen Agrarproletariat gebaut wurde. Im Gebiet zwischen Donau und Theiß erhöhte sich auch die Zahl der Tanyen durch die Bodenreform, aber ihre Zunahme nahm geringere Dimensionen an. Von Knechten bewohnte Tanyen gab es nicht mehr, die Tanyenbevölkerung wurde einheitlich Kleinbauer.

Die neuen Kleinbauern hatten aber einen großen Mangel an vielen nötigen landwirtschaftlichen Gerätschaften sowie - noch problematischer - an Vieh, insbesondere an Zugtieren. Die Bauern waren neben ihrer Selbstversorgung zu einer marktorientierten Produktion kaum fähig. Den Weg zu einer derartigen Entwicklung konnten nur die sozialistischen landwirtschaftlichen Großbetriebe vorweisen. Beim Ausbau der wichtigsten Gruppe sozialistischer Agrarbetriebe - der landwirtschaftlichen Genossenschaften (LPG) - tauchten im Alföld des Tanyensystems jedoch noch andere Probleme auf als in Transdanubien oder im Norden des Landes. Die Erklärung der Gründe gestattet einen Einblick in die aktuelle Situation und die Förderungsprobleme des ungarischen Tanyensystems.

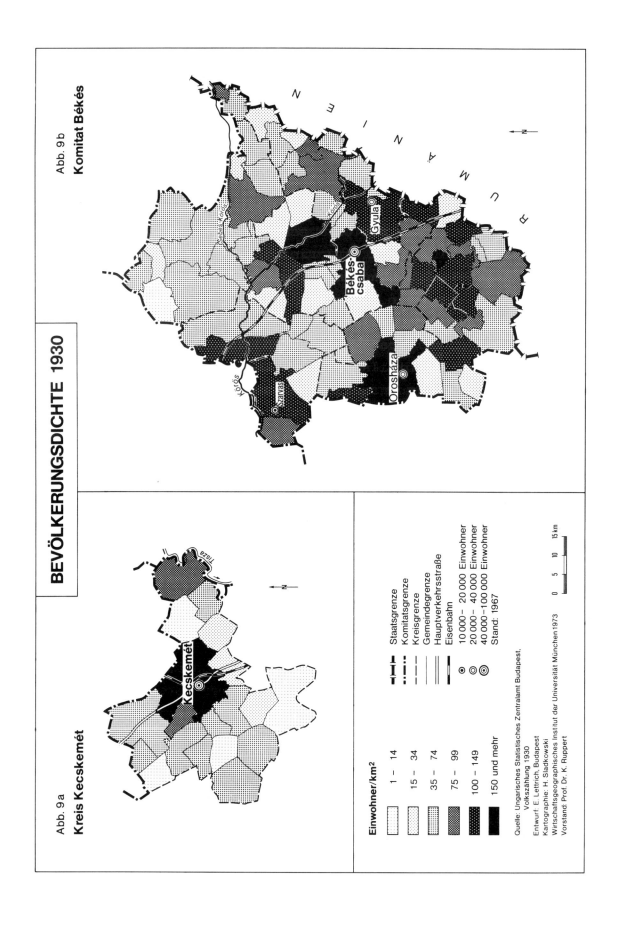

3. Die gegenwärtige Lage des ungarischen Tanyensystems und seine aktuellen Förderungsprobleme

a) Typen von Tanyengemeinden und ihre räumliche Verteilung

Als Untersuchungsgebiet zur Erklärung der gegenwärtigen Verhältnisse der Tanyen wurde ein Teil des Alfölds ausgewählt, das etwa 80 % dieser Landschaft bzw. 3,66 Mill. ha Fläche umfaßt. Ein Gebiet, in dem die Tanyen auch heute noch in der Siedlungs- und Wirtschaftsstruktur eine wichtige Rolle spielen. Erfaßt werden die 5 Komitate Bács, Békés, Csongrád, Hajdu und Szolnok sowie 5 Kreise des Komitates Pest (Ceglédi, Cabasi, Monori, Nagykátai, Kackevei) und 2 Städte (Cegléd, Nagykörös), die im nordwestlichen Teil des Alfölds liegen. Ferner zählen noch 4 Kreise (Nagykálloi, Nyirbátori, Nyiregyházy, Tiszalöki) und 1 Stadt (Nyiregyháza) zum Untersuchungsgebiet. Das heißt aber nichts anderes, als daß die überwiegende Mehrzahl der ungarischen Tanyen einbezogen wird (vgl. Abb. 10).

Das Untersuchungsgebiet erstreckt sich zwischen Donau und Theiß und über die Theiß hinweg bis an die südöstliche Grenze Ungarns. Seine wichtigsten Landschaftseinheiten sind:

1. das sich zwischen Donau und Theiß in nordsüdlicher Richtung erstreckende Sandgebiet
2. die Ebene jenseits der Theiß mit den fruchtbarsten Böden (auf Löß entwickete Chernozjom) Ungarns
3. die nördliche Ecke des Alfölds (außer der Ebene von Szatmár, wo Zwergdörfer ohne Tanyen vorherrschen) mit den ausgedehnten Weiden von Hortobágy und dem Sandgebiet von Nyirség.

Administrativ teilt sich das Untersuchungsgebiet in 576 Gemeinden auf, von denen 260 zwischen Donau und Theiß und 316 jenseits der Theiß liegen. Die Einwohnerzahl dieses Gebietes zählte 1970 3.186.039 Personen, was einem Anteil von 30,9 % an der Bevölkerung Ungarns (10.135.597) entspricht.

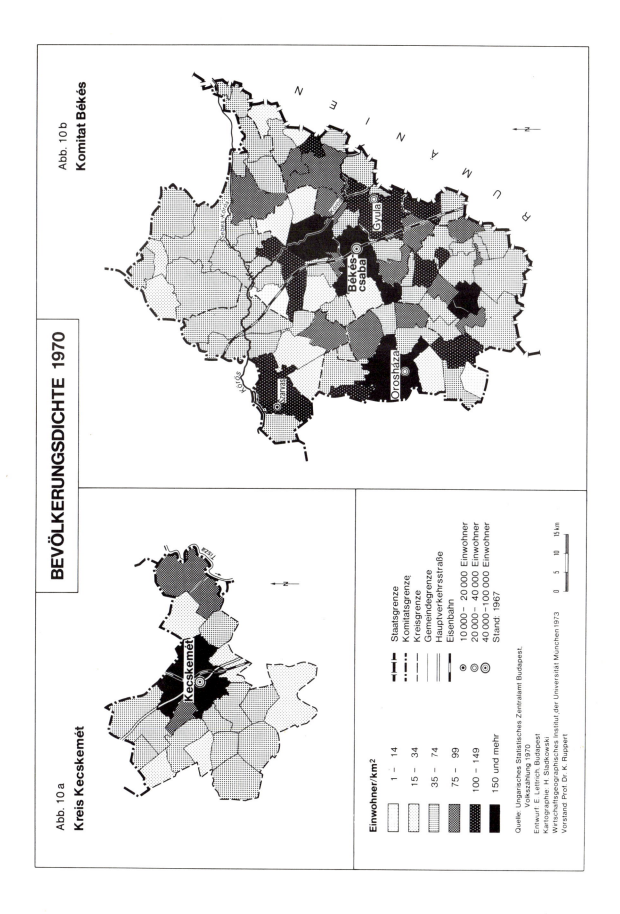

Flächenmäßig repräsentiert das Untersuchungsgebiet rd. 40 % der ungarischen Fläche, mit einer Bevölkerungsdichte von 115 Einwohnern/km^2, also etwas mehr als der Landesdurchschnitt (111 Einwohner/km^2).

Bei der letzten Volkszählung 1970 wurden die statistischen Daten für die Kerngemeinden, d.h. die geschlossen bebauten Orte von den im Außenbereich verstreut liegenden Orten, den Tanyen, getrennt ausgewiesen. Durch diese Datenlagen war es erst jetzt möglich, die Tanyen von dem jeweiligen Gemeindedurchschnitt abzuheben bzw. von den anderen Siedlungseinheiten der Gemeinde abzutrennen, um ihre sozialgeographischen Spezifika zu erklären.

Abb. 11 (im Anhang) stellt die räumliche Verteilung der Tanyenbevölkerung im Jahre 1970, nach dem prozentualen Anteil der Bevölkerung, die im Außengebiet wohnt, dar. Diese Darstellungsform, obwohl statistisch völlig korrekt, ist zu schematisch und entbehrt der Erfassung der wesentlichen Merkmale des Tanyensystems, die erst durch eine Typisierung der Gemeinden des Alfölds herauskristallisiert werden können (vgl. Abb. 12 im Anhang). Bei dieser Typisierung wurden die Gemeinden des Untersuchungsgebietes in zwei Haupttypen unterteilt: Zum ersten Haupttyp gehören jene Gemeinden, in denen der Anteil der Tanyenbewohner (Einwohner im Außengebiet) 15 % und mehr ausmacht sowie jene, in denen die absolute Zahl der Tanyenbewohner mindestens 1000 erreicht (unabhängig vom jeweiligen Anteilswert). Diese Gemeinden wurden als "Tanyengemeinden" bezeichnet. Die übrigen Gemeinden, in denen keine oder nur eine geringe Zahl oder ein geringer Anteilswert der Tanyenbevölkerung lebt (unter 15 % u n d weniger als 1000 Einwohner), wurden "Gemeinden ohne Tanyen" genannt. Zusammen bilden sie die beiden Hauptgruppen der Gemeinden des Alfölds.

Die Tanyen spielen eine bedeutsame Rolle im Siedlungs- und Wirtschaftssystem des Alfölds. Von der gesamten Bevölkerung des Untersuchungsgebietes (d.s. 3.186.039 Einwohner) lebten

Tabelle 1   Verteilung der Bevölkerung in den Tanyengemeinden und den Gemeinden ohne Tanyen im Alföld 1970

Komitate	in Tanyengemeinden						in den Gemeinden ohne Tanyen		insgesamt (= 100 %)
	im Kerngebiet		in den Tanyen		insgesamt in Tanyengemeinden				
	Bevölkerungszahl	%	Bevölkerungszahl	%	Bevölkerungszahl	%	Bevölkerungszahl	%	Bevölkerungszahl
I. Zwischen Donau und Theiß									
BACS	273.197	47,7	153.679	26,8	426.876	74,5	146.112	25,5	572.988
CSONGRAD	273.896	62,0	84.572	19,1	358.468	81,1	83.251	25,9	441.719
PEST	142.395	31,9	46.685	10,5	189.080	42,4	257.080	57,6	446.163 [1]
I. insgesamt	689.488	47,2	284.936	19,5	974.424	66,7	486.446	33,3	1.460.870
II. Jenseits der Theiß									
BEKES	190.317	42,6	53.092	11,8	243.409	54,4	203.790	45,6	447.196
HAJDU	265.938	50,1	44.527	8,4	310.465	58,5	220.028	41,5	530.493
SZABOLCS	98.541	33,1	38.642	13,0	137.183	46,1	160.470	53,9	297.653 [2]
SZOLNOK	213.678	47,5	40.640	9,0	254.318	56,5	195.509	43,5	449.827
II. insgesamt	768.474	44,5	176.901	10,3	945.375	54,8	779.794	45,2	1.725.169
I. und II. insgesamt	1.457.962	45,8	461.837	14,5	1.919.799	60,3	1.266.240	39,7	3.186.039

1) 5 Kreise und 2 Städte (Kreise: ceglédi, dabasi, monori, nagykátai, ráckevei; Städte: Cegléd, Nagykörös)

2) 4 Kreise und 1 Stadt   (Kreise: nagykálloi, nyirbátori, nyiregyházi, tiszafövedi; Stadt: Nyiregyháza)

Tabelle 2   Verteilung der Gemeinden nach Tanyengemeinden und Gemeinden ohne Tanyen im Alföld 1970

Komitate	Typen von Tanyengemeinden (Zahl der Gemeinden)								Gemeinden ohne Tanyen	Gesamtzahl der Gemeinden
	1	2	3	4	5	6	7	8	insgesamt	
I. Zwischen Donau und Theiß										
BACS	20	13	10	14	7	–	2	1	67	113
CSONGRAD	11	11	5	5	5	1	1	–	39	67 1)
übrige Gemeinden	3	1	2	10	8	–	2	–	26	80
I. insgesamt abs.	34	25	17	29	20	1	5	1	132	260
in %	25,8 %	18,9 %	12,8 %	22,0 %	15,1 %	0,8 %	3,8 %	0,8 %	100,0 %	
II. Jenseits der Theiß										
BEKES	7	4	–	10	5	2	1	–	29	79
HAJDU	1	1	1	12	4	–	–	1	20	84 2)
SZABOLCS	1	2	2	5	2	–	–	1	13	45
SZOLNOK	2	3	1	9	10	2	1	–	27	108
II. insgesamt abs.	11	10	4	36	21	4	1	2	89	316
in %	12,4 %	11,2 %	4,5 %	40,4 %	23,6 %	4,5 %	1,1 %	2,3 %	100,0 %	
III. Untersuchungsgebiet										
insgesamt abs.	45	35	21	65	41	5	6	3	221	576
in %	20,4 %	15,8 %	9,5 %	29,4 %	18,6 %	2,2 %	2,7 %	1,4 %	100,0 %	

1) 5 Kreise und 2 Städte
2) 4 Kreise und 1 Stadt

etwa 2/3 in "Tanyengemeinden" (1.919.799 Einwohner) und 1/3 in den "Gemeinden ohne Tanyen" (= 1.266.240 Einwohner). Die Bevölkerungsdichte der Tanyengemeinden wurde dabei durch die Tanyenbewohner deutlich erhöht, verfügten die 221 Tanyengemeinden doch über die doppelte Einwohnerzahl als die 355 "Gemeinden ohne Tanyen" (s. Tab. 2).

Jede Tanyengemeinde gliedert sich in:
1. das Kerngebiet - den geschlossen bebauten Ortsteil der Gemeinde - und
2. hunderte, voneinander etwa 0,5 - 1 km entfernt liegende Einzelhöfe, sog. Tanyen.

Die Bevölkerungszahl dieser verstreut im Außengebiet angesiedelten Tanyen erreichte im Jahre 1970 461.839 Einwohner, wovon 284.936 zwischen Donau und Theiß und 176.901 jenseits der Theiß lebten. Der Schwerpunkt der gegenwärtigen räumlichen Verteilung der Tanyen befindet sich im Sandgebiet zwischen Donau und Theiß, in den Komitaten Bács und Csongrád, wo 26,8 % bzw. 19,1 % der Gesamtbevölkerung der entsprechenden Komitate Tanyenbewohner sind. In diesen Komitaten steht die bedeutende Rolle der Tanyen in engem Zusammenhang mit den arbeitsintensiven Wein- und Obstkulturen dieser Landschaft. Hier ist nämlich der Anbau heute noch stark kleinbäuerlich organisiert, was nicht zuletzt auch in den LPG der I. Stufe zum Ausdruck kommt. Die hohe Arbeitszentralität der Hauptstadt erstreckt sich fast über das ganze Komitatsgebiet von Pest, dementsprechend wurde hier der ehemals hohe Anteil der Tanyenbevölkerung zurückgedrängt, zugunsten der Bevölkerungskonzentration in den Kerngebieten. In den jenseits der Theiß liegenden Gebieten, wo sich weitgedehnte Getreide- und Maisfelder erstrecken, die sich im Besitz landwirtschaftlicher Großbetriebe (LPG's der III. Stufe und Staatsgüter) befinden und deren Anbau fast gänzlich vollmechanisiert ist, haben die Tanyen seit längerer Zeit nur noch eine zurückgedrängte Bedeutung in der Wirtschaft.

Tabelle 3 Bevölkerungszahl in den verschiedenen Typen von Tanyengemeinden und Gemeinden ohne Tanyen 1970

	Komitate	Typen von Tanyengemeinden																insgesamt		Gemeinden ohne Tanyen		Gesamtzahl d. Bevölk. im Komitat
		1		2		3		4		5		6		7		8						
		abs.	%	abs.	%	abs.	%	abs.	%	abs.	%	abs.	%	abs.	%	abs.	%	abs.	%	abs.	%	
I.	Zwischen Donau und Theiß																					
	BACS	38.607	6,7	31.090	5,4	46.843	8,2	75.306	13,2	94.972	16,5	–	–	62.574	11,0	77.484	13,5	426.876	74,5	146.112	25,5	572.988
	CSONGRAD	22.887	5,2	32.279	7,3	19.894	4,5	14.187	3,2	183.932	41,5	32.492	7,4	52.797	12,0	–	–	358.468	81,1	83.251	18,9	441.719
	PEST	7.293	1,6	1.197	0,3	6.303	1,4	32.344	7,2	78.076	17,5	–	–	63.867	14,4	–	–	189.080	42,4	257.083	57,6	446.163 (1
I.	insgesamt	68.787	4,7	64.566	4,4	73.040	5,0	121.837	8,3	356.980	24,4	32.492	2,2	179.238	12,3	77.484	5,3	974.424	66,7	486.446	33,3	1.460.870
II.	Jenseits der Theiß																					
	BEKES	8.629	1,9	7.507	1,7	–	–	72.879	16,3	39.374	8,8	59.612	13,3	55.408	12,4	–	–	243.409	54,4	203.790	45,6	447.196
	HAJDU	1.744	0,3	2.798	0,5	2.837	0,5	105.952	20,0	42.012	7,9	–	–	–	–	155.122	29,3	310.465	58,5	220.028	41,5	530.493
	SZABOLCS	2.336	0,8	3.896	1,2	9.999	3,4	25.111	2,4	25.701	8,6	–	–	–	–	70.640	23,7	137.183	46,1	160.470	53,9	297.653 (2
	SZOLNOK	3.182	0,7	5.808	1,3	4.334	0,9	15.270	3,4	174.151	38,7	51.573	11,5	–	–	–	–	254.318	56,5	195.509	43,5	449.827
II.	insgesamt	15.891	0,9	19.509	1,1	17.170	1,0	219.212	12,7	281.238	16,3	111.185	6,4	55.408	3,2	225.762	13,1	945.375	54,8	779.794	45,2	1.725.169
III.	Tanyengemeinden insgesamt	84.678	2,7	84.075	2,6	90.210	2,8	341.049	10,7	638.218	20,0	143.677	4,5	234.646	7,4	303.246	9,5	1.919.799	60,3	1.266.240	39,7	3.186.039

(1 5 Kreise und 2 Städte
(2 4 Kreise und 1 Stadt

Auf den Sandböden von Szatmár entwickelte sich die zweitgrößte Obstbaulandschaft Ungarns, nach dem Sandgebiet zwischen Donau und Theiß. Die dortigen LPG brauchen ebenso viele Arbeitskräfte wie diejenigen zwischen Donau und Theiß. Der wichtigste Unterschied zwischen beiden Landschaften besteht darin, daß hier die Apfelplantagen das Schwergewicht der Betriebe bilden, während die Aprikosen und Tafeltrauben im Gebiet zwischen Donau und Theiß eine hervorragende Rolle in der Landnutzung besitzen. Der Anbau in beiden Landschaften erfolgt bei geringem Mechanisierungsgrad hauptsächlich durch Mitglieder der LPG und landwirtschaftliche Lohnarbeiter. Diese wiederum benötigen die Tanyen, die als wirtschaftlicher Mittelpunkt der kleinbäuerlichen Betriebsteile den landwirtschaftlichen Produktionsgenossenschaften (LPG der I. Stufe) dienen. Demgegenüber braucht die Mehrheit der LPG jenseits der Theiß nicht mehr auf die Tanyen zurückzugreifen. Ihr Arbeitskräftebedarf verringert sich gemäß der Wirtschaftsstruktur der LPG der III. Stufe deutlich. Die Tanyengemeinden dieses Gebietes wurden während der letzten 25 Jahre deshalb zum Gebiet mit der höchsten Landfluchtquote. Aufgrund dieses Wanderungsprozesses sank die Bevölkerungsdichte dieses Gebietes auch stark ab. Im Jahre 1970 betrug sie in der Mehrzahl der Gemeinden weniger als im Jahre 1930 (siehe Abb. 13 im Anhang).

Im Bereich der Tanyengemeinden wurden 3 Haupt- und 8 Nebentypen unterschieden, entsprechend der räumlichen Verteilung der Bevölkerung nach Kern- und Tanyengebiet. Die Hauptkriterien der Typisierung waren der Anteil und die absolute Zahl der Tanyenbevölkerung. Diese Typen der Tanyengemeinden sind:

I. Haupttyp:
   Gemeinden mit überwiegender Tanyenbevölkerung, deren Anteil an der Gesamtbevölkerung 50 % und mehr beträgt. Diese Gruppe gliedert sich in drei Nebentypen:
   Untertyp 1 = Gemeinden ohne lebensfähiges Kerngebiet, wobei die Einwohnerzahl im Kern weniger als 500 Personen ausmacht

Untertyp 2 = Gemeinden mit einem kleinen Kerngebiet, dessen Bevölkerungszahl 500 - 1000 Personen beträgt

Untertyp 3 = Gemeinden mit einem entwickelten Kerngebiet bzw. einer Bevölkerungszahl über 1000 Personen

II. Haupttyp:

Gemeinden mit ausgeprägter Tanyenbevölkerung, deren Anteil 25 % bis unter 50 % an der Gesamtbevölkerung beträgt (Typ 4)

III. Haupttyp:

Gemeinden mit relativ geringer Tanyenbevölkerung, deren Anteil bis unter 25 % an der Gesamtbevölkerung beträgt. Diese Gruppe unterteilt sich in 4 Untertypen:

Untertyp 5 = die absolute Einwohnerzahl der Tanyen liegt zwischen 1000 bis unter 3000 Personen

Untertyp 6 = die absolute Einwohnerzahl der Tanyen liegt zwischen 3000 bis unter 5000 Personen

Untertyp 7 = die absolute Einwohnerzahl der Tanyen liegt zwischen 5000 bis unter 10.000 Personen

Untertyp 8 = die absolute Einwohnerzahl der Tanyen beträgt 10.000 und mehr.

Die hohe Zahl der Tanyengemeinden in den Untertypen 1 - 3 des I. Haupttyps ist für das Gebiet zwischen Donau und Theiß charakteristisch. Die Mehrheit der Bevölkerung lebt hier in Tanyen, deren räumliche Verteilung stark dezentralisiert ist und ein dichtes Siedlungsnetz von Tanyen bildet. Bei etwa 60 % der Tanyengemeinden gibt es zur Zeit entweder keinen lebensfähigen Kern oder nur ein relativ gering entwickeltes Kerngebiet. Der Großteil der Gemeinden des I. Haupttyps ist jüngeren Entstehungsdatums. Zwischen 1948 und 1950 wurden sie häufig durch willkürlich gezogene Verwaltungsgrenzen von den "Muttersiedlungen", d.h. Städten oder teilweise auch Großdörfer, abgetrennt (z.B. in der Umgebung von Kécskemét, Szeged, Kiskunhalas usw.).

Die Zielsetzung bei der Schaffung dieser neuen Gemeinden war, die Bevölkerung der Tanyen in den planmäßig bestimmten Zentren der Gemarkung, d.h. im künftigen Kern, zusammenzuschließen. Zur Durchführung dieses Planes wurde eine Behörde, der sog. Tanyen-Rat, geschaffen. Durch Ausarbeitung von Siedlungsplänen, Zuweisungen von Wohnbaugrundstücken in den Tanyenzentren (im künftigen Kern), finanzielle Unterstützungen der Bauern, die in den meisten Fällen aufgrund der Bodenreform die neuen Tanyeninhaber waren usw., trachtete der Tanyen-Rat die Errichtung eines dem Dorfsystem ähnlichen Siedlungsnetzes zwischen Donau und Theiß und jenseits der Theiß zu erreichen.

Im Kern dieser neuen Tanyengemeinden wurden die neue Grundschule, Verwaltungsgebäude und Geschäfte gebaut, ferner ist es seitdem verboten, neue Wohnhäuser außerhalb des Kerngebietes zu errichten.

Trotz der vielen Versuche zur Schaffung eines neuen Siedlungsnetzes konnte die Entfaltung der Kerngebiete während der 1950er Jahre keinen echten Aufschwung erreichen. Die Versuche waren von vorneherein zum Scheitern verurteilt, weil die Neubauern ihre Tanyen schon Jahre zuvor auf dem eigenen Acker errichtet hatten. Sie waren gar nicht fähig, in den künftigen Kern umzuziehen. Die Mehrheit dieser Kerngebiete besaß ferner kein ausreichendes Straßenverkehrsnetz, das den Kontakt zwischen der Stadt und der Muttersiedlung als auch zwischen den einzelnen, verstreut liegenden Tanyen hätte herstellen können. Die schlechte Landwirtschaftspolitik des Rákosi-Regimes während der 1950er Jahre erzeugte bei den Bauern nur Mißtrauen, was zu weiteren Hemmnissen gegen die Entfaltung der neuen Tanyenkerngebiete führte. Erst in den 60er Jahren erhielt die Entwicklung ihres Ausbaues einen Aufschwung aufgrund der neuerlichen staatlichen Unterstützung und der Vollendung der Kollektivisierung in der Landwirtschaft.

Zur Zeit leben etwa 170.000 Einwohner in Tanyengemeinden des 1. und 2. Typs, wo i.w. Streusiedlungen und noch keine lebensfähigen Kerngebiete innerhalb der Gemeindegrenzen existieren. Diese Chance für einen Ausbau der künftigen Kerne

Tabelle 4 Bevölkerungszahl im Kerngebiet der Tanyengemeinden

	Komitate	1		2		3		Typen der Tanyengemeinden 4		5		6		7		8		Bevölkerungszahl des Kerngebietes
		abs.	%	abs.	%	abs.	%	abs.	%	abs.	%	abs.	%	abs.	%	abs.	%	insges. = 100 %
I.	Zwischen Donau und Theiß																	
	BACS	5.648	2,1	10.546	3,9	19.456	7,1	47.297	17,3	81.808	29,9	-	-	46.658	17,1	61.784	22,6	273.197
	CSONGRAD	3.144	1,1	7.743	2,8	7.550	2,8	8.824	3,2	174.080	63,6	28.336	10,3	44.219	16,2	-	-	273.896
	PEST	681	0,5	574	0,4	2.848	2,0	21.372	15,0	65.484	46,0	-	-	51.436	36,1	-	-	142.395 1)
I.	insgesamt	9.473	1,3	18.863	2,7	29.854	4,3	77.493	11,3	321.372	46,6	28.336	4,1	142.313	20,6	61.784	9,1	689.488
II.	Jenseits der Theiß																	
	BEKES	1.852	1,0	2.955	1,6	-	-	51.962	27,3	33.261	17,5	52.026	27,3	48.261	25,3	-	-	190.317
	HAJDU	412	0,2	1.097	0,4	1.418	0,5	87.247	32,8	36.451	13,7	-	-	-	-	139.313	52,4	265.938
	SZABOLCS	329	0,3	1.544	1,6	4.658	4,7	15.783	16,0	20.422	20,7	-	-	-	-	55.805	56,6	98.541
	SZOLNOK	655	0,3	2.217	1,0	1.443	0,7	9.756	4,6	157.723	73,8	41.884	19,6	-	-	-	-	213.678
II.	insgesamt	3.248	0,4	7.813	1,0	7.519	1,0	164.748	21,4	247.857	32,3	93.910	12,2	48.261	6,3	195.118	25,4	768.474
III.	Tanyengemeinden insgesamt	12.721	0,9	26.676	1,8	37.373	2,6	242.241	16,6	569.229	39,0	122.246	8,4	190.574	13,1	256.902	17,6	1.457.962

1) 5 Kreise und 2 Städte
2) 4 Kreise und 1 Stadt

Forts.
Tabelle 4   Bevölkerungszahl in den Tanyen der Tanyengemeinden 1970

	Typen der Tanyengemeinden																Bevölkerungszahl der Tanyen
	1		2		3		4		5		6		7		8		
	abs.	%	abs.	%	abs.	%	abs.	%	abs.	%	abs.	%	abs.	%	abs.	%	insges. = 100 %
I. Zwischen Donau und Theiß																	
BACS	32.959	21,4	20.544	13,4	27.387	17,8	28.009	18,2	13.164	8,6	–	–	15.916	10,4	15.700	10,2	153.679
CSONGRAD	19.743	23,3	24.536	29,0	12.344	14,6	5.363	6,3	9.852	11,6	4.156	4,9	8.578	10,2	–	–	84.572
PEST	6.612	14,2	623	1,3	3.455	7,4	10.972	23,5	12.592	27,0	–	–	12.431	26,6	–	–	46.685 1)
I. insgesamt	59.314	20,8	45.703	16,0	43.186	15,2	44.344	15,5	35.608	12,5	4.156	1,5	36.925	13,0	15.700	5,5	284.936
II. Jenseits der Theiß																	
BEKES	6.777	12,8	4.552	8,6	–	–	20.917	39,4	6.113	11,5	7.586	14,3	7.147	13,5	–	–	53.092
HAJDU	1.332	3,0	1.701	3,8	1.419	3,2	18.705	42,0	5.561	12,5	–	–	–	–	15.809	35,5	44.527
SZABOLCS	2.007	5,2	1.852	4,8	5.341	13,8	9.328	24,1	5.279	13,7	–	–	–	–	14.809	35,5	38.642 2)
SZOLNOK	2.527	6,2	3.591	8,8	2.891	7,1	5.514	13,6	16.428	40,4	9.689	23,9	–	–	–	–	40.640
II. insgesamt	12.643	7,1	11.696	6,6	9.651	5,5	54.464	30,8	33.381	18,9	17.275	9,8	7.147	4,0	30.644	17,3	176.901
III. Tanyengemeinden insgesamt	71.957	15,6	57.399	12,4	52.837	11,4	98.808	21,4	68.989	14,9	21.431	4,6	44.072	9,6	46.344	10,0	461.837

1) 5 Kreise und 2 Städte
2) 4 Kreise und 1 Stadt

ist sehr gering. In den Tanyengemeinden des 3. Typs begann schon die Entfaltung des Kerns und mit entsprechenden staatlichen Unterstützungen und von seiten der LPG werden sie sich in absehbarer Zeit zu Dörfern entwickeln können. Die Mehrheit dieser Gemeinden kommt im Gebiet zwischen Donau und Theiß vor, während jenseits der Theiß dieser Entwicklungsprozeß durch die starke Landflucht ins Stocken geriet. Aufgrund dieses Rückfalles spielen im Bereich der dortigen Tanyengemeinden die Typen 4 und 5 eine führende Rolle. Dies bedeutet, daß sich die Tanyengemeinden des 1. bis 3. Typs während der letzten 20 Jahre als lebensunfähig erwiesen haben. Nur die Tanyen von Szatmár, wo sie sich gruppenweise in einer "Weiler"-ähnlichen Verteilung konzentrieren, gibt es noch eine gewisse Hoffnung auf eine Weiterentwicklung.

Unter den Typen 6 - 8 kommen meist die Städte und die Großdörfer des Alfölds, mit verschiedenen Stufen an Zentralität, vor. In ihren weitgedehnten Gemarkungen, trotz der Abtrennung ehemaliger Verwaltungsgebiete zur Schaffung der neuen Tanyengemeinden, leben zur Zeit Tausende der Tanyenbewohner. So wohnten z.B. in der Gemarkung Kecskémet im Jahre 1970 15.700 Tanyenbewohner. In der Hauptstadt von Nyirség, in Nyiregyháza, wiesen die Tanyen 14.835 Einwohner auf und die größte Tanyengemeinde Ungarns, Debrecen, hat 15.809 Tanyenbewohner in ihrer Gemarkung. Die mittleren und kleineren Zentren im Alföld bilden die Typen 6 und 7 mit einem durchschnittlichen Anteil von 10 % an der Gesamtzahl der Tanyenbevölkerung, ähnlich wie die drei oben erwähnten Städte des Typs 8. Die Tanyenbevölkerung in den Städten hat am ehesten die Möglichkeit, ihre Tätigkeit in der Landwirtschaft als Nebenerwerb zu betreiben. Die älteren Familienmitglieder sind hier meist in der Landwirtschaft tätig, während die jüngeren Familienmitglieder in nicht-agrarischen Wirtschaftszweigen in den Städten beschäftigt sind. Die tägliche Pendelwanderung (-verkehr) wird durch den Omnibusverkehr im Bereich der städtischen Einzugsgebiete abgewickelt. Wegen der günstigeren Einkommensmöglichkeiten dieser Tanyen, einmal aus Agrartätigkeit, zum anderen aus städtischer, nicht-agrarischer Erwerbstätigkeit besitzt nur die Bevölkerung in den vom allgemeinen Verkehrsnetz abseit gelegenen Tanyen eine Neigung, nach Tanyen in verkehrsmäßig günstigeren Lagen zu übersiedeln. Aufgrund der Bevölkerungskonzentration in den Städten, meist in der Umgebung der Tanyen des 5 - 8 Typs, kam es zu einer relativ großen Binnenwanderung der Bevölkerung. Immer mehr Tanyenbewohner streben entweder in den Städten nahe liegende Tanyen oder trachten danach, in der Randzone der Städte ein eigenes Haus zu bauen. Die sich in größerer Entfernung von der Stadt befindlichen Tanyen werden zur Zeit meist von jüngeren Familien bewohnt, die dort durch ein höheres Einkommen aus der Viehzucht in kürzerer Zeit als in der Stadt das Vermögen zusammentragen können, das sie zur Errichtung eines eigenen Hauses benötigen. Für sie dienen die Tanyen nur als Übergangszeit bis zum Bau eines städtischen Hauses.

b) Typen von Tanyengemeinden nach der Erwerbsstruktur des Kerns und der Tanyen

Auf der Basis der Daten aus der Volkszählung 1970 war es möglich, die Erwerbsstruktur innerhalb der Gemeinden nach Kern und nach den Tanyen getrennt voneinander auszuwerten. Nur damit kann man der tatsächlichen Struktur im Bereich der Erwerbstätigkeit als einem der wichtigsten sozialgeographischen Merkmale gerecht werden.

Die Typen der Erwerbsstruktur sind dabei:

I. Agrartyp:
   Siedlung mit einer Agrarquote von über 50 % an den Erwerbstätigen insgesamt
   Subtyp 1 = Siedlung mit starkem Agrarcharakter
   (Agrarquote von über 75 %)
   Subtyp 2 = Siedlung mit mäßigem Agrarcharakter
   (Agrarquote von 50 - 75 %)
II. Mischtyp:

Siedlung mit einer Agrarquote von 25 - 50 % an den Erwerbstätigen insgesamt

Subtyp 3 = Anteil der Erwerbstätigen im sekundären Sektor ist größer als der im tertiären Sektor

Subtyp 4 = Anteil der Erwerbstätigen im tertiären Sektor ist größer als der im sekundären Sektor

III. Urbaner Typ:

Siedlung mit einer Agrarquote von unter 25 % an den Erwerbstätigen insgesamt

Subtyp I = Siedlung mit einer Agrarquote von 15 - 25 % an den Erwerbstätigen insgesamt

Subtyp II = Siedlung mit einer Agrarquote von unter 15 % an den Erwerbstätigen insgesamt

Typ 5 = urbane Siedlung mit stark industriellem Charakter, daneben noch Agrartätigkeit (II. Sektor: III. Sektor = über 1,33)

Typ 6 = Siedlung mit vielseitigen Dienstleistungen und Industrie (II. Sektor: III. Sektor = 0,66 - 1,33)

Typ 7 = industriearme Siedlung mit Tertiärcharakter (II. Sektor: III. Sektor = unter 0,66)

Typ 8 = urbane Siedlung mit stark industriellem Charakter, unwesentliche oder gar keine Agrartätigkeit (II. Sektor: III. Sektor = über 1,33)

Typ 9 = Siedlung mit vielseitigen Dienstleistungen und Industrie (II. Sektor: III. Sektor = 0,66 - 1,33)

Typ 10 = industriearme Siedlung mit überwiegend tertiärem Charakter (II. Sektor: III. Sektor = unter 0,66).

Die etwa 2 Millionen Einwohner (genau = 1.919.799) der Tanyengemeinden verteilen sich nach den oben erwähnten Erwerbsstrukturtypen wie folgt:

In den Tanyengemeinden insgesamt		in den Tanyen	im Kern
I. Agrartyp	30,0 %	90,2	11,0
Typ 1 = 15,1 %		59,9	0,9
Typ 2 = 14,9 %		30,3	10,1
II. Mischtyp	25,4 %	8,7	30,8
Typ 3 = 23,3 %		8,7	28,0
Typ 4 = 2,1 %		0,0	2,8
III. Urbaner Typ	44,6 %	1,1	58,2
Typ 5 = 6,5 %		0,9	8,2
Typ 6 = 7,2 %		-	9,4
Typ 7 = 0,0 %		-	0,0
Urbaner Typ insgesamt	13,7 %	0,9	17,6
Typ 8 = 2,8 %		0,2	3,6
Typ 9 = 28,1 %		-	37,0
Typ 10= -		-	-
Urbaner Typ insgesamt	30,9 %	0,2	40,6
Tanyengemeinden insg.	100,0 %		

Der Agrartyp steht an zweiter Stelle hinter dem Urbanen Typ II und der Mischtyp kommt dem Urbanen Typ I zuvor. Die schmale Schicht der Typen II (Mischtyp) und des Urbanen Typs I zeigt, daß trotz dem gar nicht unwesentlichen Wachstum der Urbanisierung im Alföld im letzten Jahrzehnt die Urbanisierung mangels einer wesentlichen Industrialisierung keine größere Geschwindigkeit aufweisen konnte, um den Landesdurchschnitt zu erreichen.

Es gibt weitgedehnte, zusammenhängende Gebiete, die vom Urbanisierungsprozeß fast völlig losgelöst sind, die Mehrzahl der Tanyen zählt zu diesen Räumen, weit abliegend von den Industrieorten, von den Verkehrszentren oder den städtischen Zentren. Die Einbeziehung dieser Gebiete in den Ablauf der Urbanisierung - unter Beschleunigung der Infrastrukturentwicklung in diesen Räumen - bildet eine der wichtigsten Aufgaben der regionalen Entwicklung Ungarns heute.

Die Tanyen bilden zur Zeit sowohl im Gebiet zwischen Donau und Theiß als auch jenseits der Theiß einen harten Block mit starkem Agrarcharakter. Der Anteil der Typen 1 und 2 beträgt

zwischen Donau und Theiß 90,5 % und jenseits der Theiß 89,5 %.
Der Mischtyp stellt nur einen geringen Anteil dar (7,7 % bzw.
10,2 %). Dies sind zum größten Teil Tanyensiedlungen in der
Umgebung eines Industrieortes oder einer Stadt, die nicht-
agrarische Arbeitsstätte liegt im täglichen Pendelbereich.
Das Fehlen nicht-agrarischen Erwerbs kommt nur in den Tanyen
vor. Ein überaus kleiner Teil von Siedlungen konnte auch auf
der Basis der Pendelwanderung - im Nahbereich der Hauptstadt -
einen urbanen Charakter (1,8 %) entwickeln. Infolge des großen Wohnungsmangels und der starken Bevölkerungskonzentration
im Bereich von Budapest fand ein rascher Wechsel in der Erwerbsstruktur dieser Tanyen statt.

Etwa ein Drittel der jüngsten Tanyengemeinden, die in den Jahren 1948 - 1950 durch Ausgemeindung aus den "Muttersiedlungen"
administrativ selbständig wurden, haben gegenwärtig einen
Kern, dessen Erwerbsstruktur einen Entwicklungsgrad höher an-
zusetzen ist als die Tanyen selbst. In den meisten Fällen gehören sie zum Typ 2. Diese Kerne und einige der älteren Gemeinden, die im Verkehrsschatten liegen, bilden die schwie-
rigsten Förderungsprobleme, weil sie praktisch keine zentrale Funktionen haben. Eine Hauptschule mit Internat, ein Ge-
mischtwarengeschäft, eine Ambulanz u.ä. stellen die untersten,
doch wichtigen Zentralitätsmerkmale im Bereich der Tanyen dar.
Aufgrund des Mangels an solchen Institutionen blieben zahlreiche Kerne entwicklungsunfähig. Ihre einzige zentralörtlich
vergleichbare Funktion besteht aus den sich im Kern befindlichen LPG-Büros als Wirtschaftsorganisations-Zentren. Obwohl
die LPG große Bedeutung im Leben der Tanyengemeinden haben,
sind ihre Funktionen grundsätzlich - doch nicht ausschließlich - betriebswirtschaftlicher Natur und besitzen im Bereich
der Siedlungen keine überörtliche Zentralität.

3/4 der LN im Untersuchungsgebiet gehört zu den landwirtschaftlichen Genossenschaften (LPG), die übrigen 1/4 zu den Staatsgütern. Der Anteil der bäuerlichen Eigentumsbetriebe liegt unter 2 %.

Tabelle 5 a   Verteilung der Kerngebiete nach den Typen der Erwerbsstruktur 1970

Typen der Erwerbsstruktur

Komitate	1		2		3		4		5		6		7		8		9		Zahl der Gemeinden
	Zahl der Gem.	%	Zahl der Gem.	%	Zahl der Gem.	%	Zahl der Gem.	%	Zahl der Gem.	%	Zahl der Gem.	%	Zahl der Gem.	%	Zahl der Gem.	%	Zahl der Gem.	%	insgesamt = 100 %
I. BACS	15		29		11		4		1		3		1		4		3		67
CSONGRAD	7		16		5		7		2		1		-		-		1		39
PEST	1		7		10		1		2		2		-		3		-		26
I. insgesamt	23	17	52	39	26	20	12	9	5	4	6	5	1	1	3	2	4	3	132
II. BEKES	8		8		10		1		-		1		-		-		1		29
HAJDU	1		10		7		1		1		-		-		-		1		20
SZABOLCS	1		7		3		-		1		-		-		-		1		13
SZOLNOK	3		8		9		3		1		1		-		1		1		27
II. insgesamt	13	15	33	37	29	33	5	6	2	2	2	2	-	-	1	1	4	4	89
III.: I und II	36	16	85	38	55	25	17	7,5	7	3	8	4	1	0,5	4	2	8	4	221

Tabelle 5 b   Verteilung der Tanyengebiete nach den Typen der Erwerbsstruktur 1970

	1		2		3		4		5		6		7		8		9		Zahl der Gemeinden
	Zahl der Gem.	%	Zahl der Gem.	%	Zahl der Gem.	%	Zahl der Gem.	%	Zahl der Gem.	%	Zahl der Gem.	%	Zahl der Gem.	%	Zahl der Gem.	%	Zahl der Gem.	%	
I. BACS	54		11		2		-		-		-		-		-		-		67
CSONGRAD	33		6		-		-		-		-		-		-		-		39
PEST	11		10		2		-		2		-		-		1		-		26
I. insgesamt	98	74	27	21	4	3	-	-	2	1,5	-	-	-	-	1	0,5	-	-	132
II. BEKES	22		7		-		-		-		-		-		-		-		29
HAJDU	13		7		-		-		-		-		-		-		-		20
SZABOLCS	9		2		2		-		-		-		-		-		-		13
SZOLNOK	18		8		1		-		-		-		-		-		-		27
II. insgesamt	62	70	24	27	3	3	-	-	-	-	-	-	-	-	-	-	-	-	89
III.: I und II	160	72	51	23	7	3,5	-	-	-	1	-	-	-	-	1	0,5	-	-	221

Tabelle 6 Zahl und Anteil der Bevölkerung nach Erwerbsstrukturtypen in den Kern- und den Tanyengebieten 1970

Komitate		Typen der Erwerbsstruktur																	Bev. insges.
		Bev. 1	%	Bev. 2	%	Bev. 3	%	Bev. 4	%	Bev. 5	%	Bev. 6	%	Bev. 7	%	Bev. 8	%	Bev. 9	%	
BACS	Kern	5.081	1,9	42.769	15,7	54.501	19,9	16.072	5,9	5.952	2,2	28.153	10,3	934	0,3	-	-	119.735	43,8	273.197
	Tanyen	98.895	64,4	36.340	23,6	18.444	12,0	-	-	-	-	-	-	-	-	-	-	-	-	153.679
	insges.	103.976	24,3	79.109	18,5	72.945	17,1	16.072	3,8	5.952	1,4	28.153	6,6	934	0,2	-	-	119.735	28,0	426.876
CONS-GRAD	Kern	1.861	0,7	16.434	6,0	41.974	15,3	6.776	2,5	61.897	22,6	28.336	10,3	-	-	-	-	116.618	42,6	273.896
	Tanyen	71.147	84,1	13.425	15,9	-	-	-	-	-	-	-	-	-	-	-	-	-	-	84.572
	insges.	73.008	20,4	29.859	8,3	41.974	11,7	6.776	1,9	61.897	17,3	28.336	7,9	-	-	-	-	116.618	32,5	358.468
PEST	Kern	222	0,2	8.388	5,9	42.297	29,7	294	0,2	22.756	16,0	40.116	28,2	-	-	28.322	19,9	-	-	142.395
	Tanyen	17.417	37,3	20.573	44,1	3.624	7,8	-	-	3.983	8,5	-	-	-	-	1.088	2,3	-	-	46.685
	insges.	17.639	9,3	28.961	15,3	45.921	24,3	294	0,2	26.739	14,1	40.116	21,2	-	-	29.410	15,6	-	-	189.080
I. insgesamt	Kern	7.164	1,0	67.591	9,8	138.772	20,1	23.142	3,4	90.605	13,2	96.605	14,0	934	0,1	28.322	4,1	236.353	34,3	689.488
	Tanyen	187.459	65,8	70.338	24,7	22.068	7,7	-	-	3.983	1,4	-	-	-	-	1.088	0,4	-	-	284.936
	insges.	194.623	19,9	137.929	14,2	160.840	16,5	23.142	2,4	94.588	9,7	96.605	9,9	934	0,1	29.410	3,0	236.353	24,3	974.424
BEKES	Kern	3.297	1,7	27.924	14,7	87.322	45,9	633	0,3	-	-	22.880	12,0	-	-	-	-	48.261	25,4	190.317
	Tanyen	28.483	53,6	24.609	46,4	-	-	-	-	-	-	-	-	-	-	-	-	-	-	53.092
	insges.	31.780	13,1	52.533	21,6	87.322	35,9	633	0,3	-	-	22.880	9,4	-	-	-	-	48.261	19,8	243.409
HAJDU	Kern	412	0,2	24.581	9,2	98.582	37,1	3.050	1,1	-	-	-	-	-	-	-	-	139.313	52,4	265.938
	Tanyen	17.690	39,7	26.837	60,3	-	-	-	-	-	-	-	-	-	-	-	-	-	-	44.527
	insges.	18.102	5,8	51.418	16,6	98.582	31,8	3.050	1,0	-	-	-	-	-	-	-	-	139.313	44,9	310.465
SZA-BOLCS	Kern	329	0,3	15.212	15,4	18.727	19,0	-	-	8.468	8,6	-	-	-	-	-	-	55.805	56,6	98.541
	Tanyen	17.364	44,9	4.516	11,7	16.762	43,4	-	-	-	-	-	-	-	-	-	-	-	-	38.642
	insges.	17.693	12,9	19.728	14,4	35.489	25,9	-	-	8.468	-	-	-	-	-	-	-	55.805	40,7	137.183
SZOL-NOK	Kern	1.590	0,7	11.423	5,3	64.525	30,2	13.605	6,4	20.988	9,8	17.888	8,4	-	-	23.996	11,2	59.663	27,9	213.678
	Tanyen	25.707	63,3	13.648	33,6	1.285	3,2	-	-	-	-	-	-	-	-	-	-	-	-	40.640
	insges.	27.297	10,7	25.071	9,9	65.810	25,9	13.605	5,3	20.988	8,3	17.888	7,0	-	-	23.996	9,4	59.663	23,5	254.318
II. insgesamt	Kern	5.628	0,7	79.140	10,3	269.156	35,0	17.288	2,3	29.456	3,8	40.768	5,3	-	-	23.996	3,1	303.042	39,5	768.474
	Tanyen	89.244	50,5	69.610	39,3	18.047	10,2	-	-	-	-	-	-	-	-	-	-	-	-	176.901
	insges.	94.872	10,0	148.750	15,7	287.203	30,4	17.288	1,8	29.456	3,1	40.768	4,3	-	-	23.996	2,6	303.042	32,1	945.375
I. und II.	Kern	12.792	0,9	146.731	10,1	407.928	28,0	40.430	2,8	120.061	8,2	137.373	9,4	934	0,1	52.318	3,6	539.395	37,0	1.457.962
	Tanyen	276.703	59,9	139.948	30,3	40.115	8,7	-	-	3.983	0,9	-	-	-	-	1.088	0,2	-	-	461.837
	insges.	289.495	15,1	286.679	14,9	448.043	23,3	40.430	2,1	124.044	6,5	137.373	7,2	934	0,05	53.406	2,8	539.395	28,1	1.919.799

Die Mehrheit der LPG jenseits der Theiß und entlang der Donau sind Kollektivwirtschaften der III. Stufe der Kollektivisierung. Dies bedeutet, daß das bebaute Land im Kollektivbesitz der LPG-Mitglieder ist. Jedes Mitglied, das jährlich mindestens 150 Arbeitstage in der Kollektivwirtschaft ableistet, hat außer seinem Hausgarten - der als Teil seines Grundstückes Eigentum ist - noch eine Ackerfläche von ca. 0,5 ha. Dieser Acker dient der "Hauswirtschaft", d.h. er wird zur Eigenversorgung der LPG-Mitglieder und ihrer Familien herangezogen. Die Produktmengen dieses Hauswirtschaftens sind zur Zeit relativ groß, dank der intensiven Bebauung. Die meisten Mitglieder versuchen Produktmengen, die sie auf den Wochenmärkten der Städte dann verkaufen können, zu erzeugen. Diese Einkommensquelle spielt eine nicht unwesentliche Rolle im Budget der Mitglieder. Ihr Anteil kann die Hälfte des Gesamteinkommens der LPG-Mitglieder erreichen, wie es in LPGs in der Umgebung einer Stadt häufig vorkommt. Der übrige Teil der landwirtschaftlich genutzten Fläche der Gemarkung steht unter kollektiver Bewirtschaftung. In den Tanyengemeinden bilden die einzelnen Blöcke der Genossenschaftsblockflur keine zusammenhängenden Flächen, weil sie durch Hunderte winziger, im Eigenbesitz befindlicher und individuell bewirtschafteter Tanyenflächen getrennt sind.

Die durchschnittlichen Betriebsflächen der LPG betragen im Gebiet jenseits der Theiß zur Zeit 2000 - 3000 ha. Diese Betriebe sind vorwiegend Getreide-, Mais- und Schweinefleischproduzenten, wobei viele sich bereits in der Phase des vollmechanisierten Produktionsprozesses befinden, weshalb die Betriebe auch wesentlich weniger ungelernte Arbeitskräfte brauchen als vor 10 Jahren. Mit dem neuen Wirtschaftsstil und der neuen Technik der LPG gibt es zur Zeit eher einen Mangel an Facharbeitern, hauptsächlich an Mechanikern. Die Betriebe können diesen Bedarf auf der Basis des Arbeitskraftreservoirs der Tanyenbevölkerung nicht ohne weiteres decken, weil etwa die Hälfte dieses Arbeitskräftereservoirs von Hausfrauen und über 60jährigen Männern gebildet wird. Die jüngeren männlichen

Personen pendeln entweder als angelernte Arbeiter nach industriellen bzw. anderen nicht-agrarischen Arbeitsstätten der Städte oder sind in die Städte weggezogen und kehren nur zu Feiertagen oder während ihres Urlaubs für kurze Zeit in die Tanyen zurück (vgl. Abb. 14 im Anhang).

Etwas anders ist die Lage der Tanyen in den Wein- und Obstanbaugebieten zwischen Donau und Theiß, wo der Anteil der Obst- (Aprikosen) und Weingärten in vielen Tanyengemeinden 8 - 12 %, in einigen sogar 25 - 35 % der LN erreicht. Es besteht ein enger Zusammenhang zwischen der arbeitsintensiven Gartenkultur und der dichten Besiedlung des Gebietes durch Tanyen. Die enge Verknüpfung zwischen Arbeits- und Wohnort scheint hier unentbehrlich zu sein, bei der kleinbetrieblichen Bebauung können die Leute nicht weit von ihrem Gartenland entfernt wohnen. Das hier anzutreffende Tanyensystem und die arbeitsintensive Gartenkultur bedingen sich gegenseitig und bilden ein eng verknüpftes Siedlungs- und Wirtschaftssystem. Hier ist die Errichtung von Wein- und Obstanlagen in Großbetriebsform eine langfristige Aufgabe. Bisher wurden nur die ersten Schritte durch Schaffung von Genossenschaften unternommen, die von den LPG der anderen Gebiete Ungarns deutlich abweichen. Hier muß man die Produktion des Wein- und Obstanbaues - als Großbetriebsform - nur schrittweise aufbauen, so daß ein bedeutender Exportanteil der hiesigen kleinbäuerlichen Betriebe bewahrt bleibt, und zwar im Rahmen speziell organisierter LPG. Die Anbauflächen der Gartenkultur blieben hier größtenteils in individuellem Besitz. Die Mitglieder dieser LPG, auf einer ersten Stufe der Kollektivisierung, bearbeiten ihr Land und verwerten ihre Produkte selbständig wie früher. Gemäß der Größe und Bodenqualität ihres Landes zahlen sie eine von der Hauptversammlung der LPG-Mitglieder von Jahr zu Jahr bestimmte Summe in einen Kapitalfonds ein, der zur Schaffung von Obstanlagen in Großbetriebsform dient. Sie gelten als Teilinhaber des künftigen Kollektivwirtschaftsgutes.

Die Mitglieder dieser spezifischen LPG sind Kleinbauern mit
1,5 - 3 ha Landbesitz. Ein fachkundig bewirtschafteter Weingarten - noch mehr ein Obstgarten mit Aprikosen - trägt zur
Zeit gut. Er sichert bei sorgfältiger Bewirtschaftung den
ganzjährigen Unterhalt einer 5-köpfigen Bauernfamilie, d.h.
mehr als ein angelernter Arbeiter in der Stadt an Lohn erhalten kann. Doch diese Tanyenbetriebe beanspruchen die Arbeitskraft der ganzen Familie und ketten jedes Familienmitglied
an die Tanya. Diese arbeitsintensive, kleinbetriebliche Form
stabilisiert im Gebiet zwischen Donau und Theiß die Lage der
Tanyen und sichert dem Bauerntum einen relativ guten Wohlstand. Deshalb müssen wir hier mit einem Fortbestehen des
Tanyenwirtschafts- und -siedlungssystems auf noch längere
Zeit rechnen. In ähnlicher Lage befinden sich die LPG von
Nyirseg - in der nördlichen Ecke Ungarns - aufgrund ihrer
Apfelplantagen, die in einigen LPG einen Anteil von 30 - 45 %
an der gesamten LN ausmachen.

Die Staatsgüter bilden eine andere Form der landwirtschaftlichen Großbetriebe, die im Untersuchungsgebiet auch vorkommen. Das Land, auf dem sie existieren, ist staatliches Eigentum. Die Arbeit wird von bezahlten Angestellten und Arbeitern
verrichtet. Die durchschnittliche Größe dieser Betriebe beträgt zur Zeit 5000 - 10.000 ha, jenseits der Theiß kommen
Staatsgüter mit über 8000 ha häufiger vor, während sie zwischen Donau und Theiß kleiner als 8000 ha sind, überwiegend
Obst- und Weinplantagen mit neu ausgebautem Berieselungssystem, um den Ernteerfolg zu vergrößern und gegen die häufig
vorkommenden Dürreperioden gewappnet zu sein. Sie sind zur
Zeit meist gut ausgerüstete, moderne Großbetriebe mit Tiefkühllager und Weinkellereien sowie eigenem Exportrecht für
ihre Produkte. Auf den zu ihnen gehörenden Feldern kam es
zur Ausgestaltung des Blockflursystems mit großen Blockfluren. Zur Sicherung einer ständigen Arbeiterschaft wurden mit
staatlicher Hilfe neue Wohnstätten errichtet, die gegenwärtigen Kerne jener Tanyengemeinden, in denen sich Staatsgüter
befinden. Da diese Großbetriebe ihren Arbeitern und Angestell-

ten ein relativ gutes Einkommen bieten können, haben sie einige Attraktivität. Der Prozeß der freiwilligen Übersiedlung der Tanyenbewohner in die Kerngebiete im Bereich der Staatsgüter zeigt eine zunehmende Entwicklung.

4. Bevölkerungsveränderung der Tanyengemeinden zwischen 1960 und 1970 (vgl. Abb. 15 im Anhang)

Die Bevölkerungsveränderung Ungarns zwischen 1960 und 1970 brachte eine starke Zunahme in den städtischen Siedlungen und eine hohe Abnahme in den ländlichen Siedlungen. Die Zunahme der Gesamtbevölkerungszahl war in dieser Periode ziemlich gering (354.553 Personen), sie beträgt damit 0,35 % der Bevölkerung, wobei die Hauptstadt eine Zunahme von 8,5 % und die anderen städtischen Siedlungen von 11 % erreichte. Gleichzeitig wiesen die ländlichen Siedlungen eine durchschnittliche Abnahme von 6,9 % auf, wobei die Tanyen mit ihrer durchschnittlichen Bevölkerungsabnahme von 22,4 % in besonders großem Maße beteiligt waren.

In den 221 Tanyengemeinden des Untersuchungsgebietes gab es eine Bevölkerungszunahme um 61.725 Personen zwischen 1960 und 1970, d.h. eine relative Zunahme von 3,3 %. Durch die hohen Wanderungsverluste in den Tanyen und einen bescheidenen Wanderungsgewinn in den Kerngebieten wurde in den Tanyen eine Bevölkerungsabnahme um 133.186 Personen (= -22,4 %) und eine -zunahme in den Kerngebieten um 194.911 (= +15,4 %) hervorgerufen.

Das Ausmaß der Abwanderung aus den Tanyen war jedoch landschaftlich unterschiedlich. Im Gebiet der Komitate Békés und Szolnok und in der Nähe der südlichen Staatsgrenze liegenden Tanyengemeinden, ebenso im nordöstlich gelegenen Hajduság, wo der Anteil der Bevölkerungsabnahme in den Tanyen mehr als 15 % betrug. Ein Anteil von 42 % der Gemeinden jenseits der Theiß und von 14 % zwischen Donau und Theiß gehören zu dieser Gruppe, in der die Bevölkerungsabnahme besonders stark war. Eine geringere Abnahme der Tanyenbevölke-

Tabelle 7   Veränderung der Bevölkerung in den Tanyengemeinden zwischen 1960 und 1970

Komitate	Zahl der Bevölkerung im Jahre						Bevölkerungsveränderung 1960 – 1970			Anteil der Bevölkerungsveränderung 1960 – 1970		
	1960			1970								
	im Kern-gebiet	in den Tanyen	insge-samt	im Kern	in den Tanyen	insge-samt	im Kern	in den Tanyen	insge-samt	im Kern	in den Tanyen	insge-samt
I. Zwischen Donau und Theiß												
BACS	236.899	193.510	430.409	273.197	153.679	426.876	+ 36.298	– 39.831	– 3.533	+ 15,3	– 20,6	– 0,8
CSONGRAD	239.357	109.549	348.906	273.896	84.572	358.468	+ 34.539	– 24.977	+ 9.562	+ 14,4	– 22,8	+ 2,7
PEST	125.159	50.962	176.121	142.395	46.685	189.080	+ 17.236	– 4.277	+ 12.959	+ 13,8	– 8,4	+ 7,4
I. insgesamt	601.415	354.021	955.436	689.488	284.936	974.424	+ 88.073	– 69.085	+ 18.988	+ 14,6	– 19,5	+ 2,0
II. Jenseits der Theiß												
BEKES	162.916	73.297	236.213	190.317	53.092	243.409	+ 27.401	– 20.205	+ 7.196	+ 16,8	– 27,6	+ 2,7
HAJDU	231.436	58.074	289.510	265.938	44.527	310.465	+ 34.502	– 13.547	+ 20.955	+ 14,9	– 23,3	+ 7,2
SZABOLCS	79.193	47.754	126.947	98.541	38.642	137.183	+ 19.348	– 9.112	+ 10.236	+ 24,4	– 19,1	+ 8,1
SZOLNOK	188.091	61.877	249.968	213.678	40.640	254.318	+ 25.587	– 21.237	+ 4.350	+ 13,6	– 34,3	+ 1,7
II. insgesamt	661.636	241.002	902.638	768.474	176.901	945.375	+ 106.838	– 64.101	+ 42.737	+ 16,1	– 26,6	+ 4,7
III.: I und II	1.263.051	595.023	1.858.074	1.457.962	461.837	1.919.799	+ 194.911	– 133.186	+ 61.725	+ 15,4	– 22,4	+ 3,3

Tabelle 8   Zahl und Anteil der Tanyengemeinden nach den Stufen der Bevölkerungsveränderung im Kern und in den Tanyen zwischen 1960 und 1970

	Komitate	Zunahme								Stagnation				Abnahme							Gesamtzahl	
		unter 5 %		8 – 15 %		5 – 8 %		+ 5 b. + 1%		+ 1 b. – 1%		– 1 b. – 5%		– 5 b. – 8%		– 8 b. – 15%		unter – 15%			
		Zahl	%	Zahl	%	Zahl	%	Zahl	%	Zahl	%	Zahl	%	Zahl	%	Zahl	%	Zahl	%	= 100 %	
A) Im Kern																					
I.	BACS	42	63	8	12	3	5	4	6	3	5	1	1	5	7	–	–	1	1	67	100
	CSONGRAD	28	71	4	10	1	3	4	10	–	–	–	–	1	3	–	–	1	3	39	
	PEST	12	46	2	8	2	8	4	15	3	12	2	8	1	3	–	–	–	–	26	
I.	insgesamt	82	62	14	11	6	4,5	12	9	6	4,5	3	2	7	5	–	–	2	2	132	
II.	BEKES	19	66	5	17	2	7	2	7	–	–	–	–	1	3	–	–	–	–	29	
	HAJDU	8	40	1	5	–	–	3	15	4	20	1	5	–	–	3	15	–	–	20	
	SZABOLCS	6	46	1	8	2	15	1	8	3	23	–	–	–	–	–	–	–	–	13	
	SZOLNOK	10	37	4	15	2	7	2	7	2	7	5	20	2	7	–	–	–	–	27	
II.	insgesamt	43	48	11	12	6	8	8	9	9	10	6	7	3	3	3	3	–	–	89	
III.: I und II		125	57	25	11	12	5	20	9	15	7	9	4	10	5	3	1	2	1	221	
B) In den Tanyen																					
I.	BACS	–	–	–	–	–	–	2	3	–	–	–	–	8	12	48	72	9	13	67	
	CSONGRAD	1	3	–	–	–	–	1	–	–	–	–	–	7	18	25	64	6	15	39	
	PEST	4	15	1	4	1	4	–	–	1	4	–	–	7	27	8	31	4	15	26	
I.	insgesamt	5	4	1	1	1	1	2	2	1	1	–	–	22	16	81	61	19	14	132	
II.	BEKES	–	–	–	–	–	–	–	–	–	–	–	–	3	10	12	42	14	48	29	
	HAJDU	–	–	2	10	1	5	1	5	1	5	–	–	3	15	4	20	9	45	20	
	SZABOLCS	–	–	–	–	–	–	1	8	–	–	–	–	5	38	5	38	2	16	13	
	SZOLNOK	–	–	–	–	–	–	–	–	–	–	–	–	3	10	12	45	12	45	27	
II.	insgesamt	–	–	2	2	1	1	1	1	1	1	–	–	14	16	33	37	37	42	89	
III.: I und II		5	2	3	1	2	1	3	1	2	1	–	–	36	16	114	52	56	26	221	

rung zwischen 8 - 15 % an der Gesamtzahl der Bevölkerung kam in zwei Dritteln der Tanyengemeinden zwischen Donau und Theiß vor und in etwa einem Drittel der Tanyengemeinden jenseits der Theiß. Eine bescheidenere Abnahme (von -5 bis -8 %) der Tanyenbevölkerung kam in beiden Landschaften bei 16 % der Gemeinden vor. Die Ackerbau und Viehzucht treibenden LPG in den Gebieten jenseits der Theiß und entlang der Theiß wurden zu den größten Abwanderungsräumen, ihre räumliche Anordnung ist fast identisch mit der räumlichen Anordnung der geringsten Anteilswerte an Erwerbstätigen (s. Karte 15). Die arbeitsintensiven Kulturen sowohl in Nyirség als auch im Bereich der Wein- und Obstgebiete zwischen Donau und Theiß (in den Komitaten Bács und Csongrád sowie Pest) konnten das Ausmaß der Landflucht etwas mildern. Nur im städtischen Einzugsbereich in der Umgebung der Hauptstadt und einiger größerer Alföldstädte, wie Debrecen, Szeged oder Nyiregyháza wuchs die Zahl der Tanyenbevölkerung aufgrund der Umstrukturierung in der Erwerbssituation.

Bei der Entwicklung dieses Bevölkerungsprozesses war, neben den Auswirkungen der Umgestaltung in der Erwerbsstruktur, auch die stark zurückgebliebene Infrastruktur des Gebietes im Bereich der Tanyen beteiligt. Obwohl die Infrastruktur der meisten Städte und Dörfer im Alföld unterentwickelt ist, bezüglich Kanalisation und Wasserversorgung, nahm doch die Versorgung mit Dienstleistungen einen geringen Aufschwung innerhalb des letzten Jahrzehnts. Demgegenüber besitzen die Tanyen nur wenige der wichtigen Elemente der Infrastruktur. Obwohl die elektrische Stromversorgung in jedem ungarischen Dorf und jeder Stadt ausgebaut ist, besitzt zur Zeit nur eine Minderheit der Tanyen - ungefähr 8 % - elektrischen Strom. Für die Wasserversorgung der Tanyen dienen meist Ziehbrunnen, von denen viele unhygienisch, oft mit Grundwasser vermischt und durch Kolibazillen verseucht sind. Die Versorgung der Tanyenbevölkerung mit öffentlichen Diensten kann trotz des Versuchs einer besseren Ausstattung der Institutionen die Ansprüche nicht befriedigen. Sowohl die Zahl der Hauptschulen als auch ihre Ausstattung blieb stark hinter den erhöhten Bedürfnissen zurück. Die LPG, ergänzt durch weitere staatliche finanzielle Unterstützungen, ließen in den Kerngebieten der vom Planungsamt bestimmten Tanyengemeinden jeweils eine Hauptschule mit Internat bauen. Sie sind auch bei der Betriebserhaltung der Schulbusse finanziell beteiligt, um die Förderung des Bildungs- und Schulwesens in ihrem Bereich zu erleichtern und zu beschleunigen. Aus dem gleichen Fonds werden auch viele Mittelschüler und einige Studenten durch Stipendien unterstützt. Die ärztliche Versorgung der Tanyenbevölkerung ist auch nicht völlig gelöst, da man eine fachärztliche Behandlung nur in den Städten erhalten kann. Dabei muß noch beachtet werden, daß die Fahrt von den Tanyen nach der Stadt im Winter besonders schwierig ist, wegen des Mangels an fahrbaren Straßen im Bereich der Tanyen.

In der gegenwärtigen Periode, mit dem raschen Anwachsen der Ansprüche der Bevölkerung im Bereich der infrastrukturellen Ausstattung, können die Tanyenbewohner - trotz der bisherigen Entwicklung - mit ihren Möglichkeiten gar nicht zufrieden sein. Die Abwanderung der Tanyenbevölkerung zeigt das Ausmaß dieser Unzufriedenheit. Besonders die jüngere Generation bewertet die besseren, leichteren Lebensverhältnisse in den Städten hoch, was nicht zuletzt seinen Ausdruck in einer besonders hohen Mobilität findet. Aufgrund der Abwanderung der jüngeren Generation aus den Tanyen wuchs der Anteil der älteren Personen wesentlich schneller, infolge des Mangels an natürlichem Bevölkerungsnachwuchs (vgl. Abb. 15 im Anhang).

Der Anteil der über 60-jährigen ist in den Kerngebieten sowohl der Tanyengemeinden des Alfölds als auch in den Tanyen des Gebietes zwischen Donau und Theiß hoch (über 15 %). Im Gebiet des Komitats Békés kam - infolge der früheren hohen Abwanderung der jüngeren Generation und des Zuzugs an Personen der älteren Generation nach den Kerngebieten - eine Stagnation in der Mobilität der Tanyenbevölkerung in den letzten Jahren vor. Die nordöstliche Ecke des Alfölds - Nyirség,

Hajduság - hat eine hohe Geburtsrate, die das Doppelte des Landesdurchschnitts ausmacht. Etwa die Hälfte der ungarischen Zigeuner stammen aus diesen Gebieten. Ihre hohe Geburtenrate spiegelt sich in der Altersstruktur dieses Gebietes, wobei sie zur Mehrheit zur Zeit seßhaft sind. Mit staatlichen finanziellen Unterstützungen wurde dieser Prozeß beschleunigt und viele von ihnen sind in den LPG tätig, manche von ihnen pendeln wöchentlich, weil sie in den verschiedenen Baubetrieben Ungarns als Hilfsarbeiter, eventuell als angelernte Arbeiter tätig sind.

5. Die aktuellen Förderungsprobleme der ungarischen Tanyen

In der Periode von 1945 - 1949 verwandte der Tanyenrat, das damals zuständige Organ, viel Mühe und Sorge auf die Förderung der Kerngebiete der neu gegründeten Tanyengemeinden. Seine Tätigkeit konnte wenige Erfolge erreichen, denn neben seiner Bereitschaft gab es sehr wenige Kenntnisse über die damals aktuellen Verhältnisse der Tanyen. Die Tätigkeit des Tanyenrates als einer für die Interessen des ungarischen Bauerntums gegründete Institution mußte schon am Anfang der 50er Jahre - mit Beginn der Bauernpolitik des Rákosi-Regimes - aufhören. Nur etwa zwei Jahrzehnte später, als die LPG in Ungarn wirtschaftlich zu Kräften gekommen war, tauchte neuerlich in der öffentlichen Meinung auch das Problem der Förderung bzw. der Zukunft der ungarischen Tanyen auf. Am Ende der 60er Jahre widmeten die verschiedenen offiziellen und sozialen Organisationen immer mehr Zeit für die Aufklärung der aktuellen Lage in den Tanyen. Anhand dieses Berichtes wurden viele Detailprobleme für Fragenkomplexe einer Förderung der Tanyen erörtert. Die Meinungsunterschiede, die am Anfang ziemlich extrem waren, wurden mit der Zunahme der Erkenntnisse über die aktuellen Verhältnisse allmählich geringer. Zur Zeit sieht die Mehrheit der Fachleute die wichtigsten Förderungsaufgaben bezüglich der Tanyen wie folgt:

1. Die zielbewußte und vielseitige Unterstützung der Wirtschaftstätigkeit der LPG der I. Stufe auf der Basis eines langfristigen Projekts; die Mitglieder dieser LPG müssen sich über ihre künftige Wirtschaftslage besser informieren.
2. Die Beschleunigung der weiteren Entwicklung der planmäßig ausgewählten Kerngebiete. Die Zahl dieser Kerngebiete beträgt etwa die Hälfte der gegenwärtig existierenden Tanyengemeinden, deren Zahl seit der Zusammenschließung durch die künftige Gebietsreform sich verminderte.
3. Die Beschleunigung der Projekt-Ausarbeitung über die Förderung der Tanyen, um diese möglichst bald ratifizieren zu können. Grundlage dieses Projekts ist es, daß jede zuständige Organisation im Sinne des Projekts die Förderung der Tanyen vorantreiben kann.

Mit der Errichtung der neuen Planungskommission Ungarns im Frühjahr 1973 und anhand der raschen Förderung der Selbständigkeit der Verwaltungsorgane kann man die baldige Ausarbeitung und Ratifizierung eines Projektes betreffs der vielseitigen Problemenkomplexe der ungarischen Tanyen erwarten.

ZUSAMMENFASSUNG

Die Urbanisierung, sowohl im Sinne der baulichen Verdichtung als auch der Ausbreitung urbaner Verhaltensweisen vom Innovationszentrum Stadt aus, stellt heute in den verschiedensten Ländern einen wesentlichen Gestaltfaktor für die räumlichen Prozeßabläufe dar. Am Beispiel von Ungarn wird versucht, anhand ausgewählter Kriterien und Indikatoren diesen Urbanisierungsprozeß in seinen zeitlichen und räumlichen Phasenabschnitten darzustellen und ihn den Ergebnissen in der Bundesrepublik Deutschland gegenüberzustellen.

Es zeigte sich u.a., daß das Auftreten des Urbanisierungsprozesses und die begleitenden Veränderungen in den räumlichen Verhaltensmustern im wesentlichen unabhängig vom jeweiligen Gesellschafts- und Wirtschaftssystem festzustellen ist. Da die Grundzüge dieses Prozeßablaufes jedoch eng mit diesen Gegebenheiten des betreffenden Landes verbunden sind, konnten für Ungarn durchaus zur Bundesrepublik ähnliche, wenn auch nicht völlig gleichartige Struktur- und Prozeßmuster ermittelt werden. Angewandt auf verschiedene regionale Beispiele war nicht nur die Rolle Budapests als dem wirtschaftlichen und gesellschaftlichen Mittelpunkt Ungarns zu belegen, sondern auch der überaus rasche Wandel der Sozialstrukturen im ländlichen Raum. Gerade die für die ungarische Tiefebene charakteristischen Tanyensiedlungen mit ihrer räumlich dezentralen Siedlungsverteilung (eines der größten, zusammenhängenden Streusiedlungsgebiete Europas) sind in den Jahren zwischen 1960 und 1970 durch eine starke Bevölkerungsabnahme gekennzeichnet. Demgegenüber war in den Industriestädten und Komitatssitzen im allgemeinen eine größere Zunahme der Wohnbevölkerung zu verzeichnen.

Durch die Entwicklungen auf dem Freizeitsektor werden die angesprochenen Urbanisierungstendenzen noch unterstrichen. Wenn auch vielleicht noch nicht in den überaus hohen Quantitäten wie in den Ländern West- und Mitteleuropas, so ist doch am

Beispiel des Balaton (Plattensee) ein Studium der Auswirkungen von längerfristigem Reiseverkehr und Naherholung auf die Landschaft bzw. ihre Umgestaltung möglich. Die Untersuchungen in der Gemeinde Tihany ergänzten nicht nur die bereits vorliegenden Arbeiten über die verschiedenen touristischen Formen am Balaton (u.a. etwa über den Heilbäderverkehr in Héviź oder die stärker von Betrieben und Gewerkschaften organisierten Reisen am Südufer), sondern führen eine in sozialistischen Ländern (mit Ausnahme Jugoslawiens) relativ seltene Sozial-(Eigentümer-)kartierung vor. Dabei gestattet der Vergleich zwischen 1924 und 1968 den sozialen Wandel im Grundeigentumsgefüge von Tihany darzustellen und darauf hinzuweisen, daß auch in sozialistischen Ländern der zunehmende Kauf von Grund und Boden in den Erholungsgebieten durch ortsfremde, meist aus Budapest stammende Personengruppen als Indikator für die Entwicklungstendenzen in den Freizeiträumen anzusehen ist.

Summary

Urbanization, understood as the concentration of settlements as well as the spreading of urban behaviour from a city as the centre of innovation diffusion, today is an essential component of shaping spatial processes in different countries. By the way of the example of Hungary, the author tries to explain the process of urbanization in its temporal and regional development and in contrast to research results from the Federal Republic of Germany by means of selected criteria and indicators.

It can be shown that the development of the urbanization process and the changes in the spatial behaviour patterns accompanying it, are essentially independent of the social and economic system. But as the main characteristics of this process are closely connected with the socio-economic structures of the country concerned, the patterns of structures and processes found in Hungary are similar, but not equal to those in the Federal Republic of Germany. Concerning regional examples, not only the role of Budapest as the economic and social centre of Hungary was dealt with, but also the rapid change of social structures in the rural parts of the country. Especially the tanyas with their decentralized distribution of settlements in the Great Hungarian Plain (one of the largest continuous area of scattered settlement in Europe) were characterized by heavy losses of population between 1960 and 1970. On the other hand, the industrial towns and provincial capitals generally showed bigger population gains.

Developments in the field of recreation even intensify the above mentioned trends of the urbanization process. The example of Lake Balaton shows the results of long-distance and weekend-tourism in their landscape-shaping influence, even if the high frequencies of West and Central Europe are not yet reached. The research work done in the village of Tihany not only completed former studies published on the different forms of tourism at Lake Balaton (for instance on the watering place of Hévíz or the journeys to the southern shore organized by industrial firms and trade unions), but also presents an example of social (land-owner) mapping that is rarely to be found in socialistic countries. The comparison of the years 1924 and 1968 allows to show the changes in the structure of land-ownership at Tihany and to refer to the fact that even in socialistic countries the purchase of land in recreation areas by non-resident persons (mostly from Budapest) can be interpreted as an indicator for development processes in the space of leisure.

Résumé

L'urbanisation, partant de la ville comme entre d'innovation, non seulement dans le sens de la condensation architectorale, mais aussi en tant qu'extension d'un comportement citadin, représente aujourd'hui dans les pays les plus divers un facteur primordial pour la réalisation des déroulements de processus dans l'espace. A l'exemple de la Hongrie il est essayé de représenter les différentes phases temporelles et locales à l'aide de critères et d'indicateurs sélectionnés de ce processus d'urbanisation et de le comparer aux résultats de la République Fédérale d'Allemagne.

Il s'en suivait entre autre, que l'apparition du processus d'urbanisation et les changements accompagnateurs dans les façons de comportement spatiaux se montrait être en principe indépendante de chaque système social et économique. Comme les traits essentiels de ce processus de déroulement sont liés cependant étroitement avec les données du pays concerné, il a été constaté que si la Hongrie et l'Allemagne fédérale ne possèdent pas les mêmes modèles et structures de processus, ceux-ci sont néanmoins similaires. Appliqué à de divers exemples régionaux il a pu être prouvé d'une part que Budapest tenait le rôle essentiel comme centre économique et social de la Hongrie et d'autre part que les structures sociales rurales changeaient rapidement. Précisement les colonies "Tanyen" (une des plus grandes régions dispersée et connexe d'Europe) qui montrent une distribution spatialement décentralisée et qui sont caractéristiques pour la plaine basse hongroise, sont marquées d'un fort décroissement de la population entre les années 1960 et 1970. Par contre, une augmentation sensible de la population sédentaire était à remarquer dans les villes industrielles et dans les sièges de "Komitat".

Grâce aux développements dans le secteur du loisir, les tendances d'urbanisation évoquées ont pu être renforcées. A l'exemple du Balaton qui ne montre pourtant pas une telle mesure de transformation, comme étant le cas en Europe occidentale et centrale, il seraut néanmoins possible de faire une étude des effets du trafic des voyageurs à long terme, ainsi que de la détente proche sur la région et également sa transformation. Les recherches dans la commune de Tihany ne complétaient pas seulement les travaux déjà effectués sur les différentes formes touristiques au Balaton (entre autre par exemple le trafic balnéaire à Héviź ou bien les voyages plus fréquamment organisés par les entreprises et les syndicats au bord sud du lac) mais elles démontraient une structure sociale de propriété cependant relativement inhabituelle dans les pays socialistes (à l'exception de la Yougoslavie). A cette occasion la comparaison permet de remarquer le changement social entre les années 1924 et 1968 dans la structure de propriété de Tihany et de montrer que dans les pays socialiste l'achat de terrains dans les régions de détente est aussi à constater par des non-résidents et la plupart du temps par des groupes de personnes venant de Budapest et servant d'indicateurs pour les tendances de développement dans les espaces de loisirs.

Содержание
Тенденции урбанизации в Венгрии

Урбанизация, и в значении строительной концентрации и распространения городского поведения с города как центр обновления, сегодня в различных странах представляет собой важный изобразительный фактор за пространственные развития. На примере Венгрии пытаются, посредством выбирательных критерий и индикаторов показывать этот процесс урбанизации в своих преходящих и пространственных фазах и сравнить с результатами в Федеративной Республике Германии.

Показалось м. п., что появление процесса урбанизации и проводящие изменения пространственных примеров поведения в основном устанавливают независимо от соответствующей системы общества и хозяйства. Так как основные черты этого процесса узки сопряжены с данными условиями соответствующей страны, могли разыскивать для Венгрии подобные ФРГ, но не полно однородные примеры структуры и процесса. Прикладно на различные региональные примеры было доказано не только роль Будапешта как хозяйственный и общественный центр Венгрии, но и скорое изменение социальных структур в сельском пространстве. Именно характерны для венгерской низменности посёлки (Тания) со своим пространственно децентрализованным заселением (одна из больших связных областей с рассеянным заселением в Европе) характеризованные сильным уменьшением населения в 1960—1970 годах. В промышленных городах и столицах административных округов (комитаты) было записанно прирост населения. По развитиям на секторе свободного времени заговариванные тенденции урбанизации изложенные. Несмотря на особенно большое количество как в странах Западной и Средней Европы, можно на примере Балатона исследовать последствия долгосрочного пассажирского движения и отдыха на сельское хозяйство иначе свое преобразование. Исследования в общине Тиханье не только дополнили уже имеющиеся работы о различных туристических формах на Балатоне (м. п. о движении в курорте Хевис или больше организованные заводами и профсоюзами путёвки на южном берегу), но и показывают относительно редкое в социалистических странах (с исключением Югославии) социальное и имущественное развитие. Сравнение между 1924 и 1968 годами относительно социального изменения строения земельной собственности в Тиханье показывает, что и в социалистических странах возрастающая покупка земли в областях отдыха приезжими, чаще всего заимствованными из Будапешта группами лиц представляет собой индикатор за тенденции развития в пространствах свободного времени.